BRETAGNE
SECRÈTE ET INSOLITE

À toi, perle de ma vie.

À mes filles (et leurs compagnons), talentueuses exploratrices du monde.
Des îles d'Aran aux brumes d'Écosse, des bords du Nil aux rives du Gange, des terres australiennes au pays du Grand Nuage blanc... voyagez encore les yeux grand ouverts !

À ma maman, douce et bienveillante.

À Denise et Bernard, passionnés de lecture et de voyages.

À Jean-Pierre Leblanc, à son immense gentillesse.

BRETAGNE
SECRÈTE ET INSOLITE

OLIVIER LECOLLINET
PHOTOGRAPHIES JEAN-CHRISTOPHE GATINIOL

LES BEAUX JOURS

Merci à toi Jean-Christophe, pour ton assistance et ta bonne humeur au service de cette réalisation bien plus complexe qu'il n'y paraissait.

À Nicolas Mary, pour avoir arpenté les alignements du Ménec à Carnac.

À Jean-Jacques Samoy, *Semper Fidelis* à son caillou malouin, patron du plus beau des cafés et Petit Prince des bistrotiers.

À Stéphanie Oliver de l'office de tourisme du pays Centre-Bretagne à Loudéac, pour sa disponibilité et son partage des connaissances.

Au personnel des offices de tourisme de Vitré, Rennes, Redon, Moncontour, Josselin, Pontivy et Questembert qui ont grandement contribué à enrichir mon travail de recherche.

À celui du domaine de Trévarez à Saint-Goazec qui m'a ouvert les grilles d'un lieu remarquable.

Aux guides de la Sauvegarde du patrimoine religieux en vie (SPREV) du Finistère qui m'ont livré les secrets des sanctuaires bretons.

Aux membres de l'association culturelle bretonne Armor-Argoat de Franconville, au bonheur de partager avec eux une certaine idée de la Bretagne.

À ceux de Kreiz Er Mor de Sartrouville, pour leur soutien et leurs encouragements.

Hameau de Ploumanac'h, plage de Saint-Guirec.

Le bonheur est un fruit délicieux, qu'on ne rend tel qu'à force de culture.

Nicolas Restif de La Bretonne

Sommaire

Finistère

Morbihan

Loire-Atlantique

On sait les infinies diversités de la Bretagne, entre Armor et Argoat, qui n'ont d'égales que les variations subtiles de son climat. À telle enseigne que le visiteur traversant le pays peut être assuré de sa moisson de surprises et de découvertes. Mais plutôt qu'à l'organisation d'un périple, nous avons voulu nous consacrer ici à la quête bien particulière de quelques pépites : les lieux dont il est question dans les pages qui suivent ne sont généralement pas les plus courus ni même les plus remarquables, ne s'intègrent pas à un circuit patrimonial clés en main, mais ont en commun d'exciter notre curiosité et de frapper notre imagination parce qu'ils ne ressemblent à aucun autre.

C'est d'abord au contact des sites naturels que l'amateur de promenades insolites trouvera son bonheur, parcourant terrasses et promontoires dominant des landes légendaires et de mystérieux marais. S'enfonçant dans les chemins qui sillonnent les forêts profondes, peut-être entendra-t-il résonner les pas des chevaliers et seigneurs.

L'aventure se poursuit aux confluences comme au fond des estuaires, généralement appréciés par les moines bâtisseurs et par les émigrants venus d'outre-Manche. Ces sites abrités, fortifiés, furent appelés à des destins différents mais hauts en couleur, qu'il s'agisse de commerce, de flibuste ou de course au large.

Partout présente, la double empreinte du temps et des hommes force l'admiration. Immémoriaux mégalithes, fières silhouettes des forteresses sur les marches françaises, habitat rural décliné en autant de genres que de terroirs, profils élancés des clochers sculptés, enclos paroissiaux comme autant de havres... les pierres de Bretagne portent l'histoire et le souffle d'un peuple ouvert au monde.

Et ce n'est sans doute pas le moindre mérite de notre butinage que de nous inviter à approcher par mille et un chemins l'âme et l'identité bretonnes.

GOLFE DE SAINT-MALO
Baie du Mont-Saint-Michel
Rothéneuf
Cancale
Saint-Malo
Dinard
Saint-Servan
Saint-Suliac
Mont-Dol
Dol-de-Bretagne
MANCHE (50)
Pays de la Rance
CÔTES-D'ARMOR (22)
Combourg
Pays de Fougères
ILLE-ET-VILAINE (35)
Bécherel
Les Iffs
Vendelais
Plateau de Rohan
Pays de Vitré
RENNES
Vitré
Bassin de Rennes
Corps-Nuds
Essé
La Selle-Guerchaise
Pays de Rennes
MORBIHAN (56)
MAYENNE (53)
LOIRE-ATLANTIQUE (44)
MAINE-ET-LOIRE (49)
Redon
Site architectural
Site naturel
Pays de Rennes
Nom de pays
0
10
20 km

Ille-et-Vilaine

Rennes, place du Champ-Jacquet.

LUXURE
ET GOURMANDISE

VITRÉ
CHAIRE EXTÉRIEURE
ÉGLISE NOTRE-DAME
RUE NOTRE-DAME

Ville frontière entre le royaume de France et la Bretagne destinée à défendre l'indépendance de son duché, Vitré possède, en l'église Notre-Dame, un remarquable témoignage des tensions engendrées par la réaction de l'Église catholique face à la montée du protestantisme. Édifiée entre 1442 et 1570 à la demande de riches seigneurs, elle arbore, sur sa façade sud, une chaire extérieure, rare exemple dans la région de ce type de construction. Sous le regard d'un visage à trois faces symbolisant la Sainte Trinité, les fidèles venaient ici écouter les sermons du prédicateur tandis qu'ils pouvaient « s'imprégner » de la représentation, sur le pinacle, de deux péchés capitaux, la luxure et la gourmandise. C'est en affichant de telles images que le clergé romain entendait répondre aux barons de Vitré qui avaient, sous la protection de la famille de Coligny, embrassé la cause de la Réforme et fait de la ville un bastion de la nouvelle religion.

LES MARCHANDS BÂTISSEURS

VITRÉ
HÔTELS PARTICULIERS
RUE D'EMBAS
MAISON DE L'ISLE
RUE DE LA POTERIE

« Il faut aller de maison en maison et surtout regarder de haut en bas, car tout est curieux et partout, de la porte au grenier, des détails intéressants sautent aux yeux. » Ces quelques mots du dessinateur-voyageur Albert Robida illustrent à merveille ce qui attend le visiteur arpentant les rues médiévales de Vitré qui dut sa prospérité, dès le XIIIe siècle, au commerce du canevas et de la toile de chanvre utilisée pour la voilure des bateaux et le conditionnement des marchandises. Témoins d'un parcellaire urbain médiéval dit « laniéré », où l'habitation se développe non pas en largeur mais en hauteur et en profondeur, les hôtels très cossus situés dans la rue d'Embas furent construits par des notables appartenant à la confrérie des Marchands d'outre-mer qui exportaient leurs toiles des ports de la Hanse jusqu'en Espagne. La Botte Dorée (au no 20), édifiée en 1513, porte encore de chaque côté de l'encorbellement, à la manière d'armoiries, la marque de son propriétaire sous forme de deux singes. Construit au XVIe siècle, le Bol d'Or (au no 10), avec sa tour polygonale desservant l'ensemble des pièces, apparaît en fond de cour, autrefois caché à la vue par une construction.
Rue de la Poterie, la maison de l'Isle fut élevée au XVIe siècle sur trois étages – îlot rose entouré par quatre rues au cœur de la cité médiévale. Elle est particulièrement représentative de ces demeures fonctionnelles et confortables que les marchands, au mieux de leurs intérêts économiques, firent construire. Ainsi, l'avancée sur la rue des étages supérieurs permettait-elle d'accroître la surface habitable tout en conservant un même niveau d'imposition puisque l'impôt était calculé sur la surface au sol.
Inchangé depuis des siècles, l'exceptionnel patrimoine architectural de Vitré en fait la ville la mieux préservée de Bretagne.

La maison de l'Isle

L'EMPREINTE DES FÉES

ESSÉ
ROCHE AUX FÉES
À 4 KM DU BOURG, DIRECTION RETIERS

Parmi les secrets les mieux gardés du pays des Portes de Bretagne, celui du site mégalithique de la Roche aux fées reste entier. Il s'agit d'une monumentale allée couverte de quarante-deux dalles de schiste rouge dont les impressionnantes dimensions – 19,50 mètres de longueur, 6 de largeur et 4 de hauteur – sont proches de celles d'une maison. Trois pierres forment le portique d'entrée ouvrant sur un vestibule surbaissé. La chambre principale d'une longueur de 14,50 mètres est cloisonnée en quatre loges par des piliers. Ce dolmen, construit au IIIe millénaire avant J.-C., pourrait avoir fait office de temple ou de sépulture, même si l'on n'y a retrouvé aucun objet ou ossement. Les scientifiques ont cependant observé que le monument était orienté de manière à recevoir les premiers rayons de soleil lors du solstice d'hiver.

Mais la grande question qui se pose concerne l'acheminement depuis le gisement de la forêt du Theil, situé à plus de 4 kilomètres, de toutes ces dalles totalisant environ 500 tonnes, surtout si l'on considère que la pierre la plus lourde pèse la bagatelle de 45 tonnes ! À ce jour, aucune réponse certaine n'a pu être apportée. L'ampleur de la tâche n'a pas échappé à la sagesse populaire qui y a vu la marque des fées : celles-ci auraient transporté les blocs de pierre dans leur tablier ! On dit aussi que ces merveilleuses créatures honoraient les morts qui s'étaient bien conduits durant leur vie en plaçant leurs cendres entre les pierres du monument pour les protéger. La visite de cette gigantesque allée couverte, rare dans cette région de Bretagne, est une formidable plongée dans les mystères de la préhistoire et ses légendes.

MYSTÉRIEUX ORIENT

LA SELLE-GUERCHAISE
CHAPELLE SAINTE-ANNE
LIEU-DIT LE PÂTIS
À 500 M DU BOURG

Une pagode chinoise affectée au culte catholique renfermant une statue de sainte Anne, patronne des Bretons ? La chose est étonnante, et pourtant, la petite chapelle située sur la commune de La Selle-Guerchaise s'apparente bien à un temple bouddhique.
Lorsque, malade et les bras chargés de planches, l'abbé François Lizé monta sur le bateau le ramenant de Chine, il avait déjà en tête les plans de la pagode octogonale qu'il allait édifier entre 1875 et 1878 dans la paroisse dont il était le recteur.
La toiture à étages, les parois en bois ornées d'idéogrammes chinois, les fausses fenêtres ainsi que la coupole (recouverte d'ardoises bretonnes !) sont bien la marque du style architectural asiatique.
Les murs intérieurs, rénovés en 1990, présentent un décor de colonnes et de chapiteaux, assorti de motifs floraux et de bambous. À la base et au sommet de ce décor, des frises représentant des palmettes et des formes géométriques renforcent la parfaite symétrie de l'ensemble.
Éclairée par la lumière provenant de la niche à jour céleste se détache, au-dessus de l'autel, une belle statue en bois polychrome de sainte Anne portant dans ses bras la Vierge et l'Enfant Jésus. Elle est datée du XVIe siècle et provient d'une chapelle depuis longtemps disparue. Le plus étrange, c'est que la sainte a les yeux bridés !
En quittant la pagode, on ne manquera pas de jeter un coup d'œil au portrait à longue barbe figurant le missionnaire amoureux de la Chine, qui mourut là-bas, loin de sa pagode.

LA ROUTE DES SAUNIERS

REDON
QUARTIER DU PORT

Au confluent de la Vilaine et de l'Oust est né Redon, des épousailles de la terre et de l'eau. Le développement du port fluvial fut favorisé par la canalisation de la Vilaine dès le XVIe siècle, tandis que la proximité de la ville avec l'océan la faisait bénéficier d'un port maritime abrité des tempêtes hivernales.
Le quartier qui se forma alentour apparaît de nos jours comme une sorte d'île reliée à la terre ferme par une série de ponts, de passerelles et d'écluses. Traversé par de petites rues filant d'un bras d'une rivière à l'autre, il recèle un patrimoine unique.
Le long du quai Duguay-Trouin s'alignent les belles demeures des XVIIe et XVIIIe siècles ornées de balcons en fer forgé. Elles évoquent le souvenir des riches négociants et armateurs attendant l'arrivée des grands trois-mâts chargés de vins d'Aunis et de Saintonge, de fer d'Espagne, de bois, de céréales, de pierres et d'ardoises.
Certaines de ces demeures ont appartenu à la Compagnie des Indes, dont les navires rapportaient de précieuses marchandises : étoffes, épices, bijoux... Aubergistes, commerçants, charretiers, débardeurs, haleurs, toiliers et douaniers, tous vivaient de cette florissante activité portuaire.
Rue du Port, trois anciens greniers à sel du XVIIe siècle, où l'on stockait les précieux cristaux provenant de Guérande et d'Ambon, rappellent que le port maritime de Redon était le point de départ de la route des sauniers. Au n° 6, on remarque un hôtel particulier en tuffeau datant de la fin du XVIIe siècle, qui fut la résidence des Carmoy, deux frères armateurs.
Rue du Plessis, l'hôtel de Richelieu flanqué d'une tourelle d'angle carrée signale que l'illustre cardinal joua un rôle important dans l'histoire de la ville en introduisant dans l'abbaye Saint-Sauveur la congrégation de Saint Maur.
Située entre marais et collines mais ouverte sur le grand large, Redon a un charme singulier, lié à la diversité de ses paysages ainsi qu'à son passé de grande cité commerçante.

BYZANCE EN BRETAGNE

CORPS-NUDS
ÉGLISE SAINT-PIERRE

Corps-Nuds semble prendre, certains jours d'hiver, des airs d'Europe de l'Est, lorsque la neige recouvre le clocher de l'église Saint-Pierre, édifiée de 1876 à 1890. De style néo-byzantin, ce clocher à bulbe flanqué de quatre clochetons ne passe pas inaperçu dans une région où l'art religieux est un subtil mélange d'architectures romane, gothique et Renaissance.
La réalisation de cette massive église revient à Arthur Regnault, architecte breton du XIXe siècle et grand voyageur qui introduisit, en Ille-et-Vilaine, un courant architectural original au travers duquel il voulait exprimer sa fascination pour Sainte-Sophie de Constantinople. Construit à l'emplacement de l'ancienne église jugée trop étroite et vétuste, le nouvel édifice reprend des éléments de la célèbre basilique : plan centré, voûte bombée, grandes arcades de la nef et mosaïques.
Soutenue par le diocèse et par les fidèles, cette volonté de se distinguer fut toutefois très critiquée par le ministre de l'Instruction publique et des Cultes de l'époque, qui jugea la forme du clocher inacceptable.
Pendant l'Occupation, cette église – on ne peut plus particulière – fut utilisée pour le tournage d'un film de propagande allemand intitulé *Battage du blé en Ukraine* !

GRÈS FLAMMÉ ET MOSAÏQUES

RENNES
PISCINE SAINT-GEORGES
2, RUE GAMBETTA
Tél. 02 23 62 15 40
Accès au bassin payant
Ouvert lors des journées du Patrimoine

Depuis sa renaissance au XIXe siècle, l'histoire de la mosaïque se confond avec celle des immigrés italiens qui allaient marquer de leur empreinte de nombreux bâtiments de Rennes. Ce fut le cas d'Isidore Odorico, dont le père et l'oncle s'installèrent à Rennes en 1882. Si ces derniers furent sans conteste de brillants artisans, Isodore, lui, éleva le travail du marbre, du grès et du *granito* au rang de véritable art, et s'affirma, dès le début du XXe siècle, comme un créateur à part entière. L'ornementation Art déco de la piscine Saint-Georges, construite en 1923 et première piscine chauffée de France, témoigne du savoir-faire unique qui se développa dans l'atelier de ce mosaïste. La porte de la piscine s'habille de motifs de coquillages et d'une tête de Neptune. Le hall d'accueil s'illumine d'émaux bleus au décor de vague, tandis que le bassin s'orne d'une frise de vaguelettes et de volutes, réalisée dans des tons bleus et verts rehaussés de jaune et de brun. Les couloirs, les cabines et les douches sont pavés de lumineuses mosaïques en grès cérame.
Ancien élève de l'école des Beaux-Arts de Rennes et héritier de techniques nées dans l'Italie du Nord qu'il sut transcender, Isidore Odorico créa, un peu partout en Bretagne, des décors d'immeubles ou de bâtiments publics. Ceux que l'on peut voir dans la capitale bretonne firent de cette ville l'un des plus grands centres de fabrication de mosaïques en France pendant l'entre-deux-guerres.

UNE PLACE CAPITALE

RENNES
HALLES ET HÔTELS
PLACE DES LICES

Si les places publiques peuvent être considérées comme un point de convergence et de mise en scène de la société, la place des Lices de Rennes en est un parfait exemple. Son nom provient des « lices », terme désignant le champ clos où se déroulaient, au Moyen Âge, les joutes et les tournois.
En 1561, l'installation du parlement de Bretagne dans la cité vit fleurir autour de la place de vastes demeures destinées à accueillir ces nobles messieurs les parlementaires...

Les hôtels de La Noue et Racape de La Feuillée, construits en 1658 sur un modèle médiéval, ajoutèrent encore au statut prestigieux de Rennes. Dotées de nombreuses et hautes fenêtres, ces demeures arborent fièrement leurs colombages et leurs tours d'escalier qui s'élèvent à l'assaut de toits à lanternes en forme de carène de bateau renversée. Quant à l'hôtel du Molant, il se signale par des ornements à la gloire de Louis XIV et par un luxueux escalier dont la cage est ornée de trompe-l'œil.
Bien à l'abri dans leurs beaux hôtels, les notables de la ville se tenaient ici aux premières loges pour observer le peuple s'adonnant aux joies du commerce.
La vocation marchande de la cité est attestée par la présence sur la place de deux halles édifiées, au XIXe siècle, dans le style Baltard par Jean-Baptiste Martenot.
De nos jours, chaque samedi, elles attirent une importante population à l'occasion du marché qui est l'un des plus renommés de France.
Avec les façades colorées de ses maisons médiévales, l'élégance de ses hôtels et de ses halles de métal et de verre, la place des Lices reflète fièrement l'évolution urbaine de Rennes, qui fut l'une des résidences des ducs de Bretagne avant de devenir une capitale régionale.

DANS LES BOIS DE COMBOURG

COMBOURG
CHÂTEAU
Tél. 02 99 73 22 95
www.chateau-combourg.com
Ouvert d'avril à octobre. Fermé le samedi sauf en août. Horaires variables selon la saison

Ville castrale des marches de Bretagne au riche passé historique et point de départ intéressant pour qui veut rayonner à travers la Bretagne romantique, Combourg voit son identité fortement marquée par son château construit entre le XIe et le XVe siècle, dans lequel grandit et résida Chateaubriand. C'est dans cette forteresse de granit aux puissantes murailles flanquées de quatre tours massives coiffées en poivrière que l'écrivain laissa croître sa fertile imagination et accéda à cette mélancolie rêveuse illustrant une partie de son œuvre. « Moi, j'étais niché dans une espèce de cellule isolée, au haut de la tourelle de l'escalier [...]. La fenêtre de mon donjon s'ouvrait sur la cour intérieure ; le jour, j'avais en perspective les créneaux de la courtine opposée [...]. Relégué dans l'endroit le plus désert, à l'ouverture des galeries, je ne perdais pas un murmure des ténèbres. » Ainsi parlait Chateaubriand de son enfance morose et des terreurs qui l'habitaient à l'évocation de la légende de l'homme à la jambe de bois, comte de Combourg mort depuis trois siècles, qui hantait les escaliers du château. Sa chambre austère était située dans la tour du Chat, ainsi nommée car, lors de sa restauration en 1876, des ouvriers y découvrirent une momie de cet animal emmuré vivant lors la construction du château, afin de conjurer le mauvais sort. Lorsque Chateaubriand quittait sa chambre, il arpentait longuement les berges du lac Tranquille, ainsi que les chemins des bois alentour à la recherche de l'inspiration : « C'est dans les bois de Combourg que je suis devenu ce que je suis [...]. » Ces mots évoquent le profond attachement que l'auteur portait à sa région qui accueillera sa dépouille mortelle en 1848 sur l'île du Grand-Bé, à Saint-Malo.

Les guetteurs de la lanterne

COMBOURG
MAISON DE LA LANTERNE
23, place Albert-Parent

Robuste bâtisse en granit jouxtant une tour flanquée d'une échauguette, la maison dite « de la Lanterne » rappelle la longue tradition commerciale de Combourg. Construite en 1597 à la demande de Perrine Jonchée, fille de riches armateurs malouins, la demeure se vit attribuer la fonction de maison de guet. Située à l'entrée de la place sur laquelle se déroulaient plusieurs jours durant de grandes foires, la maison faisait office de poste de surveillance pour le bon déroulement de ces rassemblements qui attiraient un nombre élevé de visiteurs aux intentions parfois frauduleuses, voire violentes. La nuit tombée, la troupe à la solde des seigneurs locaux se postait sous la fameuse lanterne aux flambeaux et veillait sur ces manifestations particulièrement animées.

UN MANOIR EN VILLE

DOL-DE-BRETAGNE
HÔTEL DU QUENGO
19, GRAND-RUE DES STUARTS

Mentionnée dès le XIe siècle, la Grande-Rue des Stuarts atteste la qualité architecturale des demeures et des prestigieux hôtels particuliers formant le cœur de la vieille cité. Ces maisons de ville sont la réplique à taille réduite des châteaux et manoirs de nobles familles et gens fortunés qui résidaient principalement sur leurs terres.
Élevé quelques mètres en arrière de la rue, l'hôtel dit « du Quengo » – du nom de la famille qui s'y installa au XVIIe siècle – se distingue par ses lignes originales. Cette massive demeure est composée de deux corps de bâtiments accolés : le premier possède un toit en carène surmonté d'un lanternon, le second est flanqué de deux tourelles en encorbellement séparées par une fenêtre rectangulaire encadrée de pilastres cannelés à chapiteaux ioniques. Durant la Révolution, elle servit de salle de discipline pour les militaires en garnison à Dol. Elle est agrémentée d'un passage secret ainsi que d'un colombier, fait remarquable en ville. Certaines de ces maisons possédaient des galeries couvertes marquées par de solides piliers qui soutenaient l'étage supérieur à pans de bois. Leurs toits pointus avec gerbières et lucarnes se découpent harmonieusement dans le ciel. Encore affublées de noms étonnants évoquant leurs enseignes d'antan – Petit et Grand Paradis, Pilier Rouge et Blanc, Grand et Petit Croissant –, elles forment un ensemble architectural particulier, qui fit dire à Victor Hugo lors de son séjour en ces lieux en compagnie de Juliette Drouet : « Dol n'est pas une ville, mais une rue. »

LE CAILLOU DE GARGANTUA

MONT-DOL
TERTRE

« Du haut de ce tertre isolé, l'œil plane sur la mer et sur des marais où voltigent pendant la nuit des feux follets, lumière des sorciers qui brûle aujourd'hui dans nos lampes. » Ainsi s'exprimait Chateaubriand, lycéen à Dol-de-Bretagne, évoquant l'intrigant mont Dol qui se dresse à 64 mètres de hauteur face à la baie du Mont-Saint-Michel. Grand témoin des bouleversements géologiques, ce mont, fréquenté sans doute depuis le paléolithique, fut tour à tour une île et une montagne, tantôt sous les eaux, tantôt au-dessus.
Au XIXe siècle, il reçut sur son sommet planté d'arbres séculaires une curieuse tour octogonale surmontée d'une statue de la Vierge qui allait servir de relais pour le télégraphe Chappe reliant Paris à Brest.
À proximité de la petite chapelle Notre-Dame-de-l'Espérance, élevée en 1857 en remplacement de l'ancien sanctuaire placé sous le vocable de saint Michel, se trouvent des rochers auxquels se rattache une légende concernant la lutte acharnée que se livrèrent l'archange et le diable. Ces rochers porteraient la trace des griffes du démon que saint Michel aurait précipité dans l'abîme, ouvert sous ses pieds d'un seul coup d'épée.
Selon une autre légende, Gargantua serait aussi passé par là. Cheminant à travers la baie, il aurait ôté de sa chaussure trois cailloux qui, en tombant à terre, auraient formé le mont Dol, le rocher de Tombelaine et le Mont-Saint-Michel.
Ces récits révèlent à quel point ces trois éminences unies dans un même paysage et porteuses de sacré autant que de fantastique ont pu faire naître et perdurer le mystère de leur origine.

SAINTES VIERGES

CANCALE
STATUETTES DE LA VIERGE
QUARTIER DU PORT DE LA HOULE

Entre mer et falaise, Cancale révèle ses secrets dans le calme et la fraîcheur des rues Carnot, Kitchener et Saint-Michel. Le peuple de pêcheurs du port de la Houle a, de tout temps, porté une grande dévotion à la Vierge. Celle-ci est représentée en grand nombre sur les façades ainsi qu'aux angles des maisons sous forme de statuettes, installées le plus souvent dans des niches. En bois, en pierre ou en plâtre, leur histoire est singulière. Certaines ont accompagné, en guise de porte-bonheur, des navigateurs sur les mers du globe, d'autres sont des ex-voto de marins miraculeusement rescapés d'un naufrage, d'autres encore ont des vertus supposées lutter contre les épidémies, le choléra ayant sévi pour la dernière fois sur le port en 1849.
Le 15 août, jour de l'Assomption, cette dévotion collective à la Vierge prend un tour encore plus intense. Certes, le pèlerinage à Notre-Dame-du-Verger a perdu un peu de son faste d'antan, mais cette journée est plus que jamais l'occasion de sortir les statuettes de leurs niches. Posées sur des reposoirs constitués de branchages et décorés de goémon et de fleurs, elles attirent la foule des pèlerins qui vient contempler, la nuit tombée, ces autels illuminés par des parterres de bougies.

DES MARINS À L'APPEL

CANCALE
CLOCHE DES MARINS
PORT DE LA HOULE

« Les marins de Cancale sont les meilleurs du monde », disaient Louis XIV et Louis XV, qui n'en voulaient pas d'autres pour former les équipages de leurs vaisseaux amiraux ! Dotés de savantes connaissances maritimes et rompus au rude travail de la pêche, ces hommes de Cancale courageux et sages avaient installé, dès 1840, une cloche sur le port. Elle était utilisée en de nombreuses occasions : en cas d'alerte lors des naufrages, pour signaler indifféremment mariages ou deuils, ou pour appeler les marins aux réunions. Elle a retenti également au moment de la révolte des Cancalais, en 1906. Cette année-là, un vapeur ayant tenté d'introduire des huîtres étrangères dans le port, les pêcheurs, au signal de la cloche, se ruèrent sur sa cargaison et la détruisirent en quelques heures.

La cloche que l'on peut voir aujourd'hui date de 1898 et l'ancien portique a été remplacé en 1990. Dressé au centre du port de la Houle, la cloche a désormais retrouvé toute sa place. Elle témoigne de l'importance de l'huître plate qui fait, depuis des décennies, la réputation de Cancale. En effet, la cloche a longtemps servi à donner le coup d'envoi de la « caravane » : chaque printemps, à la période de Pâques, les bateaux de pêche partaient draguer, pour un temps limité, les huîtres sauvages de la baie.

LES CHIMÈRES DE L'ABBÉ FOURÉ

SAINT-MALO
ROCHERS SCULPTÉS DE ROTHÉNEUF
ROUTE DE CANCALE

Se désignant lui-même comme « l'ermite de la Haute-Folie », l'abbé Fouré sculpta, à la fin du XIXe siècle, les rochers entourant la plage du Havre de Rothéneuf. Ce curé de campagne souffrait d'hémiplégie, mais cela ne l'empêcha pas de façonner, contre vents et marées, trois cents statues dans le granit d'une falaise offerte aux embruns.

Cette fresque insolite retrace la terrible histoire de la famille des Rothéneuf, corsaires de père en fils sous le règne de François Ier. Ici, l'histoire locale se mêle au message de la Bible, car les personnages représentant les Rothéneuf voisinent avec des monstres fantastiques et inquiétants, tout droit sortis de l'enfer. L'abbé Fouré entendait par là éduquer les fidèles en leur montrant, au moyen de monumentaux bas-reliefs, les conséquences d'un comportement dicté par l'immoralité, la haine, le vol ou la jalousie. Ainsi, ce personnage dévoré par un immense veau de mer est-il châtié pour avoir dérobé la plus grosse part du butin.

Ailleurs, les Rothéneuf apparaissent sous la forme de truculents portraits, le front altier, les pommettes saillantes et les yeux malicieux. Ils sont surnommés le Fakir, le Grand Pointu ou encore l'Égyptien. Figés dans la pierre pour l'éternité, ils semblent attendre l'improbable retour de navires chargés de rhum et d'épices rares.

À la fin de sa vie, l'abbé Fouré se tenait assis au milieu de ses créatures sur un fauteuil où était gravée une énigmatique devise : « Amor et Dolor. »

Témoins mystérieux d'une époque révolue, ces sculptures nous entraînent dans un monde aux visions chimériques, celles d'un homme habité par une foi ardente.

DIVINE PRÉSENCE

SAINT-MALO
MAÎTRE-AUTEL
CATHÉDRALE SAINT-VINCENT

Il en va des cathédrales comme de toute œuvre d'art : certaines demandent une fréquentation humble et patiente. D'autres s'imposent d'emblée dans le déploiement de leur architecture et de leur ornementation. La cathédrale Saint-Vincent de Saint-Malo fait partie de ces dernières. À la fois romane et gothique, elle a bénéficié, après les bombardements de 1944, d'une longue restauration qui lui a fait retrouver toute sa splendeur d'antan. Réalisé en 1991 par le peintre Arcabas et son fils, le sculpteur Étienne, le maître-autel constitue un apport majeur pour sa décoration récente. Sa table en granit noir d'Afrique forme, avec le vert du bronze oxydé et l'or du bronze poli des motifs iconographiques, une belle harmonie. Ces splendides réalisations reprennent le thème des Quatre Vivants, évoquant la pérennité de la présence divine à travers l'œuvre écrite des quatre évangélistes, Jean, Matthieu, Marc et Luc, représentés par leurs animaux symboliques, respectivement l'aigle, l'homme, le lion et le taureau. L'aigle qui, par son vol, s'approche le plus de la majesté divine est placé face aux fidèles, à gauche d'un personnage tenant un livre. La main qui donne et la main qui reçoit illustrent l'idée selon laquelle l'homme se construit dans le double mouvement du don et de l'accueil. Le lion, symbole de l'animal régnant sur le désert, et le taureau, symbole du sacrifice, figurent sur la face arrière de l'autel. Solidement campés sur leurs pattes et le museau doucement posé sur un livre, ils nous invitent à comprendre que l'homme se doit d'être fort et bienveillant à la fois.

L'ENFANCE
ET LES SORTILÈGES

SAINT-MALO
CAFÉ DU COIN D'EN BAS DE LA RUE DU BOUT DE LA VILLE EN FACE DU PORT
3, RUE SAINTE-BARBE

Ce fabuleux repaire pour Malouins de souche et de cœur a le goût unique des parfums de notre enfance. Il se déguste des yeux dans tous ses recoins, comme un roudoudou jusqu'au fond de sa coquille. Mais combien y en a-t-il, au fait, de ces poupées que le patron aime tant pour leur perpétuel sourire ? Depuis des années, il les met merveilleusement en scène, entre cartes d'école, plaques émaillées et tant d'autres trésors.
Quand on lui pose la question, le fier Malouin répond le plus sérieusement du monde : « Bien moins que demain », car ce bistrotier ne cesse d'en dénicher, d'en réparer, afin de leur redonner vie et beauté.
Dans ce lieu pétillant d'insouciance et de bonne humeur, ce sont les poupées sévillanes qui mènent la danse au rythme de musiciens costumés et sous le regard fier de Mexicains aux larges sombreros. Tout un peuple de personnages divers et bigarrés compose ce théâtre haut en couleur, dans lequel cohabitent, sous la tendre houlette de leur propriétaire, un garde londonien, un marin prêt à prendre le commandement de l'arche de Noé ou un Gepetto amoureux de sa marionnette. Théâtre d'ombres qui, la nuit venue, se met à s'animer, comme dans les rêves des enfants imaginant que leurs jouets attendent qu'ils s'endorment pour vivre de leur vie propre.
Moine-ouvrier ou prêtre-soldat selon les jours, le cafetier sait avec une grande générosité et une joie malicieuse faire partager son goût pour les sortilèges de l'enfance.

UN BATEAU TOMBÉ DU CIEL

SAINT-SERVAN
EX-VOTO DE BATEAUX
ÉGLISE SAINTE-CROIX

Une élégante décoration et un mobilier somptueux ne sont pas les seuls atouts de l'église Sainte-Croix. On peut aussi y découvrir, suspendu au plafond, un magnifique bateau, objet de dévotion de la part d'hommes de mer habitués à considérer la mort comme une escale possible à l'issue de tempêtes implacables. La peur de la mort, toujours infiniment présente en ces contrées maritimes, a donné naissance à la coutume particulière des ex-voto qui consistent ici en des offrandes sous forme de maquettes adressées à des saints protecteurs pour demander une grâce ou remercier d'une grâce obtenue.

Signifiant « d'après le vœu », l'ex-voto fait l'objet d'une cérémonie solennelle pouvant se dérouler dans n'importe quel édifice religieux et à laquelle toute la famille est convoquée. Les plus grands navigateurs, de Christophe Colomb à Jacques Cartier, ont multiplié les invocations à la Vierge et aux saints qu'ils s'empressaient de gratifier dès leur retour. Dans les ports, les processions d'ex-voto, lors de certaines bénédictions, permettent d'associer la population aux marins.
De même, les bateaux suspendus disent le lien perpétuel qui unit les marins à leurs protecteurs.

SO BRITISH

DINARD
VILLAS
FRONT DE MER ET POINTE DE LA MALOUINE

Balcons de bois, décors de céramique et briques colorées : sur les rives de Dinard comme le long des rues serpentant autour de la pointe de la Malouine, la bonne société britannique s'est attachée à bâtir, dès le milieu du XIXe siècle et jusqu'à la Belle Époque, de somptueuses villas. Ce faisant, elle a été à l'origine d'un engouement sans précédent pour la villégiature de bord de mer, entraînant à sa suite les riches familles françaises, soucieuses d'afficher, elles aussi, leur statut social par la construction de résidences monumentales et extravagantes. Du statut de petit port de pêche, Dinard accéda ainsi au rang de station balnéaire mondaine, surnommée la « Nice du Nord » en raison des mimosas qu'on allait bientôt y faire fleurir.

L'influence de la société anglo-saxonne, dont les membres se retrouvaient dans les clubs très fermés pratiquant le tennis, le golf ou le yachting, se résume parfaitement dans l'architecture de ces villas très cosy : *more glass than wall*, « plus de vitres que de murs » ! Leurs ouvertures en forme de bow-windows, aux montants de bois artistiquement travaillés, offraient à leurs résidents huppés un panorama unique sur la mer, le rocher de Cézembre ou l'île d'Harbour.
Dans un cadre maritime embelli par une foisonnante végétation souvent méditerranéenne, ces joyaux architecturaux ont le charme – aussi désuet qu'irrésistible – d'une époque qui savait associer l'éclectisme au raffinement.

ET AU MILIEU COULA UNE RIVIÈRE

SAINT-SULIAC
VENELLES ET SENTIERS

Les venelles étroites et tortueuses ne cessent de raconter le passé de Saint-Suliac, charmant village de pêcheurs situé entre terre et mer sur l'estuaire de la Rance. Les filets de pêche joliment décorés séchant aux façades des maisons évoquent le temps, pas si lointain, où accostaient sur le quai les « chippes », élégants canots pointus dont le faible tirant d'eau permettait la pêche aux lançons sur les bancs de sable.
Tous les hommes d'ici furent marins et bâtirent des maisons aux porches d'entrée bas et arrondis, autour de l'enclos paroissial ceinturant le vieux cimetière et l'église.
Des dernières maisons du village partent des sentiers menant aux vestiges d'un camp viking qui s'installa en ce lieu avec dix-huit drakkars.
Au Moyen Âge, la région était connue pour ses crus viticoles, tels le coteau-de-garrot, le tertre-de-vigneux ou le bec-du-mousse, dont la réputation s'étendit fort loin, jusqu'à ce que l'interdiction par Louis XIV de planter des cépages sur le sol breton n'entra en vigueur en 1687. La présence de vignes sur les bords de cette portion de la Rance est à rattacher à la légende de saint Suliac. D'après la tradition, cet ermite gallois venu fonder un monastère au VIe siècle aurait fait apparaître la rivière au milieu de la plaine qui porte aujourd'hui son nom afin d'empêcher les ânes de dévorer tout le raisin.

LE LIVRE EN SON ROYAUME

BÉCHEREL

CITÉ DU LIVRE

Ancienne place forte couronnant le sommet d'une colline et propriété des seigneurs de Dinan au XIIe siècle, Bécherel évoque désormais une paisible cité où les seules joutes sont d'ordre culturel. L'unité architecturale donnée par ses constructions en granit lui assure une atmosphère toute particulière. Depuis 1989, cette ville est devenue la première « cité du livre® » en France. Lors de sa grande Fête du Livre, qui se tient pendant le week-end de Pâques, elle rassemble tous les acteurs, amateurs et professionnels de l'édition de livres anciens. Sur les places et au long des rues portant encore les noms de corporations médiévales, telles celles de la Beurrerie, de la Filanderie ou de la Chanvrerie, ce sont les libraires et les bouquinistes qui redonnent vie au cœur de la ville. Les anciennes maisons de marchands et de nobles ainsi que les vieilles échoppes se sont transformées en autant de repaires de lecteurs et de collectionneurs. À la recherche d'un titre épuisé ou d'une édition ancienne, qu'ils exhumeront peut-être d'entre ces vénérables murs, ils s'imprègnent de l'odeur enivrante du vieux papier. Les calligraphes, peintres, sculpteurs, et brocanteurs ajoutent au charme des belles-lettres.

GOTHIQUE BUCOLIQUE

LES IFFS
ÉGLISE SAINT-OUEN
S'adresser au bar du village
si l'église est fermée

C'est d'abord dans la parfaite ordonnance de son architecture et l'harmonie de ses lignes qu'apparaît l'église Saint-Ouen, édifiée, à l'exception du clocher datant de 1881, aux XIVe et XVe siècles.
Tout concourt, en effet, à faire de cet édifice un bijou de style gothique flamboyant : fenêtres en arc brisé, pinacles sculptés, contreforts, corniches, porche aux arcades de dimensions différentes, fantastiques gargouilles et choux frisés. Née sous l'impulsion des seigneurs de Laval, propriétaires du proche château de Montmuran, puis de celle des Coligny, l'église fut édifiée grâce aux dons des fidèles qui avaient établi leur prospérité sur la production de toiles de lin et de chanvre. L'enclos paroissial qui l'entoure lui confère une certaine originalité dans ce coin de Bretagne.
L'intérieur brille par ses vitraux du XVIe siècle, particulièrement bien mis en valeur par la blancheur des murs. Ils ont été exécutés par un maître-verrier de Rennes d'après des cartons flamands. Au-dessus du maître-autel, une exceptionnelle verrière du XVIe siècle retrace, en vingt panneaux enchâssés entre les meneaux d'une baie, l'histoire de la Passion. Les thèmes sont traités avec une rare délicatesse et dans un grand souci de réalisme psychologique. Mais c'est la chapelle du Midi qui renferme les trois plus admirables vitraux de l'édifice. Des médaillons y racontent, notamment, l'histoire de la chaste Suzanne et de saint Yves repoussant l'or du riche pour donner au pauvre.
On ne manquera pas de s'attarder longuement dans cette église de campagne, dont la magnificence le dispute à la majesté des ifs centenaires qui l'entourent.

LE REPAIRE DE DU GUESCLIN

LES IFFS
CHÂTEAU DE MONTMURAN
À 1 KM DU BOURG
Tél. 02 99 45 88 88
www.chateau-montmuran.com
Ouvert de juin à septembre de 14h à 18h. Fermé le samedi

Le paisible village des Iffs semble avoir été gâté par les fées de l'architecture. Non loin de la ravissante église se dresse le château de Montmuran qui veille jalousement sur la campagne environnante. Construit par les seigneurs de Tinteniac dès le XIe siècle et remanié au XVIe siècle, l'édifice arbore un imposant châtelet du XIVe siècle protégé par deux grosses tours rondes soutenant le chemin de garde. De profondes douves, une herse et un pont-levis toujours en fonction témoignent d'un système de défense hautement performant.
Les deux tours nord du XIIe siècle aux toits coniques renferment de vastes pièces, ainsi qu'une étuve dotée de bassins alimentés en eau chaude grâce à un système de chauffage par le sol et les murs, particulièrement rare pour l'époque. Ainsi la dame de Montmuran pouvait-elle « s'étuver » en compagnie d'un hôte de marque selon l'aimable coutume de ce temps-là.
À l'étage se trouve une chapelle dans laquelle Bertrand Du Guesclin fut fait chevalier en 1354 après s'être illustré dans la guerre de succession de Bretagne en déjouant le projet du duc de Calverley de prendre la forteresse par ruse. Le lieu-dit Chemin sanglant rappelle le souvenir de ce fait d'armes.
C'est dans cette même chapelle que le célèbre chevalier devenu connétable de France épousera des années plus tard, en secondes noces, Jeanne de Laval.
Une grande verrière du XIXe siècle y retrace les glorieuses étapes de sa vie. On remarquera également des baies percées en biais qui permettaient aux dames d'assister aux offices depuis leurs appartements sans se faire voir des hommes.
Du haut de ce château, où vécurent certaines des plus puissantes familles de Bretagne, la vue est splendide sur la plaine de Dinan hérissée de multiples clochers.

Ploumanac'h
Perros-Guirec
Plougrescant
Pleubian
Penvénan
Tréguier
Ploubazlanec
Paimpol
GOLFE
Saint-Michel-en-Grève
Lannion
Ploubezre
Ploumilliau
Pontrieux
Lanleff
Plouha
Baie de Saint-Brieuc
Trégor
Goëlo
Guingamp
FINISTÈRE (29)
Loc-Envel
Châtelaudren
Plérin
SAINT-BRIEUC
Monts d'Arrée
CÔTES-D'ARMOR (22)
Moncontour
Saint-Nicolas-du-Pélem
Allineuc
Landes du
Poher
Saint-Thélo
Montagne Noire
Loudéac
de
MORBIHAN (56)
Site architectural
Site naturel
Trégor Nom de pays

Côtes-d'Armor

Plougrescant, anse de Gouermel.

COQUILLAGES ET CHEMINÉES

GUENROC
CHEMINÉES SCULPTÉES
À PARTIR DU CENTRE-VILLE

À Guenroc, les cheminées prennent des allures d'œuvres d'art. Sculptées dans une pierre calcaire compacte mais facile à travailler, d'une grande diversité de formes, elles habillent merveilleusement les toits des riches maisons ornées de lucarnes à fronton ciselé et de corniches moulurées. Soucieux de personnaliser leurs constructions, les tailleurs de pierre de la région du sud de Dinan les nommèrent « cheminées à couronnement crénelé », « cheminées à couronnement d'acrotères » ou « cheminées à couronnement à chapeau de gendarme ».

Dans une région où le roi granit paraît indétrônable tant il fait partie intégrante du paysage, ce calcaire connut pourtant un succès immédiat. Au XVIIIe siècle, les propriétaires de ces maisons ayant fait fortune dans le négoce des toiles et du lin trouvaient dans ces décors très en vogue le moyen d'afficher leur prospérité. Or, cette roche date de l'ère tertiaire, époque où une partie de la Bretagne était séparée du continent par un bras de mer peu profond, appelé « mer des Faluns », qui s'étendait jusqu'en Touraine. Elle est née par sédimentation des algues et des débris de coquillage dont elle garde encore des fossiles.

Dans cette presqu'île armoricaine aux mille visages, il eût été étonnant que les destins de la mer et de la pierre ne soient pas liés.

IRRÉDUCTIBLES GAULOIS

CORSEUL
TEMPLE DE MARS
LIEU-DIT HAUT-BÉCHEREL
À 1,5 KM DU BOURG

Qui pourrait se douter que Corseul fut, au tout début de notre ère, l'une des plus grandes cités d'Armorique et la capitale des Coriosolites, un peuple celte très puissant ? Et pourtant, César la mentionne quatre fois dans ses commentaires relatifs à la *Guerre des Gaules* sous le nom de Fanum Martis. Aujourd'hui, cette tranquille bourgade s'enorgueillit de posséder d'importants vestiges antiques, tels que le temple, dit « de Mars », considéré comme l'une des plus belles constructions gallo-romaines de Bretagne.

De forme octogonale, cet édifice de 10 mètres de haut surprend par son bon état de conservation, ainsi que par la qualité de sa construction et de ses matériaux. Les trois pans de mur encore debout sont formés d'un blocage de pierre et de mortier, lui-même recouvert d'un revêtement en petits moellons. Ces murs sont tout ce qui subsiste de la *cella*, ou chambre sacrée, du temple, dans laquelle se trouvait la statue d'une divinité. La soixantaine d'orifices qui percent les parois était destinée à en éclairer l'intérieur. Le temple de Mars n'est ainsi que la partie visible d'un vaste sanctuaire qui s'organisait autour d'une cour de 5 000 mètres carrés. Les fouilles ont révélé que cette aire sacrée étaient bordée par trois galeries à portique et par un porche à colonnes qui servait d'accès à l'édifice. Il faut imaginer les pèlerins déambulant, il y a plus de deux mille ans, autour de ce monument, qui fut sans doute utilisé jusqu'au IIIe siècle et qui est désormais classé monument historique.

RUE
AUX TRÉSORS

DINAN
MAISONS MÉDIÉVALES
RUE DU JERZUAL

Reliant le centre de la cité au port, la rue du Jerzual fut, durant des siècles, le témoin du va-et-vient continuel d'un peuple d'artisans, de marchands et de bourgeois, auquel se joignaient paysans, mendiants et autres vagabonds. Chevaux et charrettes emplies de tissus, de toiles et de vivres se suivaient ou se croisaient en nombre dans cette voie fort escarpée qui, avant d'être recouverte par huit cent sept gros pavés, n'était qu'un escalier aux marches composées d'un mélange de terre argileuse, de cailloux et de coquillages pilés.
C'est aux commerçants et aux artisans que la rue doit ses magnifiques maisons à pans de bois en encorbellement et à pignons édifiées entre le XVe et le XVIe siècle.
Le rez-de-chaussée des échoppes se signale par des murets en granit qui faisaient office d'étals. Séparées par de minuscules venelles, certaines maisons cachent de petites cours ou de délicieux patios fleuris ; d'autres affichent de riches façades aux splendides fenêtres en vitrail, d'autres encore laissent voir leurs greniers à claire-voie où séchait autrefois le cuir.
Aujourd'hui, ces demeures abritent les ateliers de tisserands, de sculpteurs, de peintres, de graveurs et de fileurs de verre qui renouent avec le passé d'une ville qui a su conserver ses trésors médiévaux.
La duchesse Anne ne disait-elle pas que Dinan était « la clé de sa cassette » ?

Les clés de la Renaissance

DINAN
HÔTEL DE KERATRY
6, rue de l'Horloge

Dans la rue de l'Horloge se dresse l'hôtel de Keratry, une demeure à pans de bois embellie de vitraux, de poutres ornementées et de piliers sculptés de petits personnages polychromes.
Parmi toutes les merveilles de Dinan, qui ne compte pas moins de cent vingt maisons anciennes, dont quarante d'entre elles datent d'avant l'an 1600, cette ravissante demeure a naturellement sa place. Or, c'est à Lanvollon, un village de la région, qu'elle fut construite en 1559. À la suite d'un incendie qui, en 1933, la détruisit en partie, les autorités de la fière cité médiévale décidèrent, en 1938, de la racheter. Elle fut donc transportée pierre par pierre, reconstruite et restaurée à l'endroit où l'on peut aujourd'hui la voir. Petit bijou d'invention et de raffinement, elle se fond dans l'exceptionnel paysage urbain de la ville. Sur la façade, l'un des personnages tient une clé qu'il semble exhiber comme pour rappeler son appartenance à la précieuse maison, désormais préservée d'un funeste destin.

BOMBARDES MINÉRALES

SAINT-CAST-LE-GUILDO
PIERRES SONNANTES
PORT DU GUILDO
À GAUCHE SUR LA GRÈVE DE L'ARGUENON

Comment douter que la musique soit un art essentiel de la culture bretonne quand on sait que la nature elle-même joue sa partition sur des « pierres sonnantes » posées au bord du pittoresque estuaire de l'Arguenon ?
Noires comme le bois des bombardes qui résonnent aux quatre coins de l'Armorique, ces pierres sonnantes peuvent atteindre 1 mètre de hauteur pour les plus grosses. Éparpillées sur la plage au lieu-dit Goule d'Enfer, elles possèdent la particularité de rendre un son argentin et métallique si l'on en choque une avec un galet. Toutes les pierres portent, à un endroit précis, une trace d'usure. C'est là qu'il faut les frapper pour produire l'étrange sonorité. Une légende rapporte que ces pierres furent crachées par Gargantua après que, pris d'une faim irrépressible, il eut avalé un bateau de pêche lesté avec celles-ci. Elles gisent désormais au pied des falaises, face aux ruines du château du Guildo et sont l'occasion d'une charmante balade sur les bords de mer de la côte d'Émeraude. Mais attention aux chevilles, car l'accès au site requiert de franchir quelques obstacles. Ces pierres sont d'une espèce sonnante, et parfois... trébuchante !

CAP SUR TERRE-NEUVE

PLÉNEUF-VAL-ANDRÉ
PORT DE DAHOUËT

Lové dans une anfractuosité rocheuse à l'embouchure de la Flora, le port de Dahouët est un abri naturel auquel les bateaux accèdent par une passe très étroite et seulement à marée haute. Beaucoup de voiliers sont venus s'écraser, dans le passé, sur les brisants de ce passage réputé extrêmement délicat.
Le long du quai des Terre-Neuvas et du quai des Mûriers s'alignent demeures d'armateurs et maisons de pêcheurs qui furent les témoins du départ des marins à la pêche à la morue. Au XVIe siècle, en effet, les habitants du port de Dahouët furent les premiers à s'engager dans cette aventure et à traverser l'Atlantique pour gagner l'île de Terre-Neuve, découverte quelques années plus tôt. Si la façade blanche de la capitainerie affiche encore l'état de la météo, les bateaux de plaisance, de plus en plus nombreux, côtoient les chalutiers pour la pêche au crabe et au homard.
Au bout du quai, la statue de Notre-Dame-de-la-Garde veille toujours sur les marins. De là, on peut emprunter le chemin des douaniers qui serpente entre le vert des landes et le bleu de la mer, jusqu'à une délicieuse et secrète plage de sable blanc.

L'HABIT NE FAIT PAS LE BOURREAU

LAMBALLE
MAISON DU BOURREAU
PLACE DU MARTRAY
MUSÉE D'ART POPULAIRE DU PAYS DE LAMBALLE
Tél. 02 96 34 77 63
Ouvert de juin à septembre du mardi au samedi de 10h à 12h et de 14h30 à 18h
MUSÉE MATHURIN-MÉHEUT
Tél. 02 96 31 19 99
Ouvert toute l'année. Horaires variables selon la saison

La façade, merveilleusement rénovée, aux colombages rouges de la maison du bourreau ne passe pas inaperçue sur la place du Martray. Chaque étage fut élevé suivant un savant assemblage de poutres formant une armature dans laquelle était monté le torchis. Le résultat ?

Une maison avec porte d'entrée en accolade et toiture d'ardoise à large corniche, splendide échantillon de l'architecture du XVe siècle, comme il y en a tant d'autres en Bretagne.
Mais l'originalité de cette maison tiendrait à son occupant. Celle-ci se fait aujourd'hui appeler « maison du bourreau » ; or de bourreau, il n'y en eut point à l'intérieur de ces murs. Certes, l'exécuteur des basses œuvres sévissait bien à l'époque sur la place du Pilori, aujourd'hui place du Martray. Ce n'était pourtant pas lui qui habitait dans cette belle demeure, mais un certain Jean Berceau, gentilhomme local. D'où lui vient donc ce nom si surprenant ? Pendant l'entre-deux-guerres, cette maison fit l'objet d'un intérêt marqué de la part des marchands de cartes postales qui voyaient dans sa magnifique façade un modèle facile à commercialiser. Devant le peu de succès d'un tirage portant la mention « vieille maison de Lamballe », un photographe de Saint-Brieuc la transforma en « maison du bourreau ».
La demeure au nom fallacieux abrite désormais le musée d'art populaire du Pays de Lamballe et le musée Mathurin-Méheut, peintre, illustrateur et décorateur de haute renommée. Ces musées ne font que rehausser le cachet de cette maison, trop belle pour un sinistre bourreau.

LE TRAIT POSTIER BRETON VA BON TRAIN

LAMBALLE
HARAS NATIONAL
PLACE DU CHAMP-DE-FOIRE
Tél. 02 96 50 06 98
www.haraspatrimoine.com
Visite guidée uniquement.
Horaires variables selon la saison

Favoriser l'excellence des élevages de chevaux grâce à un panel de reproducteurs soigneusement sélectionnés, telle est la mission du Haras national de Lamballe, fondé en 1825. Suivant le rythme soutenu du développement de l'élevage équin en Bretagne, le Haras national, dont le patrimoine bâti hébergea jusqu'à quatre cents étalons, a su magnifiquement perpétuer la diversité des espèces : trait breton, pur-sang, trotteur, connemara…
Le cheval de trait breton est l'une des vedettes du haras. Race unique issue des souches les plus anciennes, alliant puissance et bon caractère, il a évolué en deux rameaux bien distincts lorsque les besoins en traction se sont diversifiés au début du XXe siècle.
Il fut rendu plus puissant encore par l'apport de races lourdes (percheron et ardennais), devenant ainsi une valeur sûre pour l'agriculture. Puis son croisement avec le norfolk anglais donna naissance au trait postier breton, qui disposait des meilleures qualités possibles pour l'attelage. Plus léger, doté d'un trot actif, vif et puissant, il devint le cheval d'attelage par excellence pour les voitures de maître et les voitures de poste. Son endurance couplée à sa force en fit une recrue de tout premier ordre lors de la Première Guerre mondiale. Pouvant tracter de lourdes pièces d'artillerie sur de longues distances, il était également capable de s'accommoder de conditions de vie extrêmement précaires. Fleurons de la race bretonne, le trait breton et le trait postier breton ont fait du Haras national de Lamballe l'un des hauts lieux de l'élevage, confirmant la région dans sa fonction de productrice de races de qualité. Les concours de pouliches et de poulains en assurent la pérennité.

UNE PLACE-FORTE MODÈLE

PLÉDÉLIAC
DOUVES
CHÂTEAU DE LA HUNAUDAYE
À 4,5 KM DU BOURG
Tél. 02 96 34 82 10
www.la-hunaudaye.com
Ouvert de mi-juin à mi-septembre tous les jours de 10h30 à 18h30

Lorsque du fond d'un vallon humide surgissent les tours du château de la Hunaudaye, le visiteur se sent immédiatement transporté en plein Moyen Âge. À la frontière entre le Penthièvre et le comté de Dinan, les seigneurs de Tournemine, fidèles serviteurs du duché, reconstruisirent au XVe siècle une formidable forteresse sur un ancien château détruit en 1341 par les Anglais, au début de la guerre de succession de Bretagne. Dans cette reconstruction furent intégrées les dernières innovations en matière de technique militaire. Ainsi des canonnières sous la forme d'ouvertures circulaires percées en retrait des archères assuraient le tir de boulets depuis les tours. Les douves remplies d'eau et les cinq tours reliées par des courtines constituent un parfait système défensif. Le pont-levis, les assommoirs de la voûte d'entrée, les mâchicoulis et le chemin de ronde sont des modèles d'architecture féodale. L'état de ruines d'une partie de l'édifice permet d'avoir une vue en coupe du corps de logis et rend visibles les détails de son aménagement et de sa décoration, tels que têtes de lion, motifs floraux et figure grimaçante pour éloigner le mauvais sort. On remarque aussi l'escalier desservant la grande salle de réception. Des cheminées sont encore en place à différents endroits de la forteresse, dont une pourvue d'un four à pain. Elles en disent long sur le niveau de fréquentation du lieu. Malgré son aspect quelque peu délabré, le château de la Hunaudaye, patiné par le temps, produit encore une très forte impression d'élégance et de force mêlées.

RETOUR À LA TERRE

BROONS ET ALENTOURS
MAISONS EN TORCHIS

Les maisons en torchis ont essaimé à travers la campagne du pays de Rance et du Méné. Elles offrent au regard leurs chaleureuses façades ocre. On les rencontre au bord des routes et des chemins, toutes fissurées, semblant prêtes à s'écrouler et à retourner en poussière à la terre d'où elles sont issues. Très éloignées des canons architecturaux classiques, éclairées par des fenêtres parfois posées sans aucun souci des règles élémentaires de menuiserie, ces maisons ont été rapidement construites au XIXe siècle par des gens modestes, dont l'unique façon de posséder un toit était de mélanger de la terre, de l'argile, des résidus de paille et des petites pierres de schiste. Faites d'un matériau « pauvre » garantissant cependant une bonne régulation thermique, ces constructions laissent transparaître la vie de métayers et d'ouvriers agricoles qui devaient se contenter du minimum vital. Le lieu de vie consistait en une pièce unique au sol en terre battue et chauffée par une cheminée, ainsi qu'en un grenier où était stocké le grain. À l'intérieur prenait place l'armoire faisant à la fois office de garde-manger et de lingère.

Les ronces, les orties et les rosiers sauvages remplacent désormais les fleurs qui embellissaient les murs en torchis de ces maisons et leurs petits jardins. Elles sont les témoins d'une société rurale bretonne qui a disparu et dégagent, à ce titre, un certain parfum de nostalgie.

SANS JUGON N'EST PAS BRETON

JUGON-LES-LACS
HÔTEL SEVOY
RUE DU CHÂTEAU

Située au fond d'un vallon en bordure d'un lac splendide, la petite cité de Jugon eut un rôle stratégique durant l'histoire de la Bretagne. Son riche patrimoine architectural en témoigne.
Il y eut jadis un château à Jugon, élevé dès 1030 par un comte de Penthièvre, mais il fut pris dans la tourmente des conflits entre la France et l'Angleterre, avant d'être complètement rasé en 1616 lors des guerres de la Ligue, sur ordre de Richelieu. On se consolera en découvrant dans la rue du Château, reliant la pittoresque place du Martray à la digue du lac, l'hôtel Sevoy. Cette magnifique maison bourgeoise datant de 1634 fut édifiée en deux corps de logis accolés l'un à l'autre. Elle reprend l'architecture d'un château médiéval, mais s'habille à la mode Louis XIII : tour d'escalier octogonale et frontons décorés reflétant le pouvoir et l'aisance de son propriétaire. Sa situation, au plus près de l'éperon rocheux sur lequel se tenait l'ancienne forteresse, lui vaut parfois les honneurs qui seyaient à son prédécesseur « qui a Bretagne sans Jugon a chape sans chapon ».

L'ABBAYE RESSUSCITÉE

PLÉNÉE-JUGON
ABBAYE DE BOQUEN
À 6 KM DU BOURG

Nichée aux abords d'une des plus belles forêts de Bretagne, l'abbaye de Boquen est un parfait lieu de silence propice à la méditation. Fondée en 1137 par des moines cisterciens à la demande d'Olivier II, comte de Dinan, elle arbore, dans un style de transition entre le roman et le gothique, fenêtres en plein cintre et arcades en ogive.
L'ampleur de ses bâtiments aux lignes particulièrement épurées donne à penser qu'elle abrita, à son apogée, une centaine de moines et de convers. Contrainte de reverser une partie de ses revenus à des abbés commendataires, elle vit son déclin s'amorcer avant que les guerres de la Ligue, au XVIe siècle, ne précipitent sa chute. Par la suite, l'abbaye fut transformée en carrière de pierres après que les quelques moines qui y étaient restés ne soient dispersés à la Révolution.
Il fallut attendre 1936 pour qu'elle retrouve sa dignité grâce à un moine breton, dom Alexis Presse, qui entreprit méthodiquement de relever ses ruines. À cet immense travail de restauration participèrent même de jeunes agriculteurs de la région.
Réalisée entre 1960 et 1965 par les compagnons du Devoir et du Tour de France d'Angers, la charpente en bois de l'église abbatiale témoigne, à elle seule, de la qualité de cette rénovation.
L'immense vaisseau est redevenu le lieu d'offices religieux d'où émane l'intense ferveur d'une communauté de moniales ayant fait vœu de silence.

LE GENTILHOMME ET LA VIERGE

TRÉDANIEL
VITRAUX
CHAPELLE NOTRE-DAME-DU-HAUT
À 1 KM DU BOURG

Un simple détour par la discrète chapelle Notre-Dame-du-Haut épargnera peut-être au visiteur une onéreuse visite chez le médecin ! Construit aux XIVe et XVIe siècles, l'édifice abrite les statues des sept saints guérisseurs de Bretagne (désormais sous forme de copies, car les originaux furent volés en 1985). En échange de quelques invocations, celui-ci se voit protégé de la migraine, des maux de ventre, des maladies de peau, de l'angoisse, voire de la folie.
Mais ce n'est pas le seul intérêt de cette chapelle, riche de magnifiques vitraux du XIXe siècle se rattachant à une légende locale. Situés derrière l'autel, ils retracent, en trois scènes, le destin d'un gentilhomme de Basse-Bretagne qui, cheminant vers Rennes, fut surpris par une bande de brigands qui le dévalisèrent et le pendirent à un arbre. Dans son agonie, il aperçut une statue de la Vierge sur une branche. Il implora alors son secours, faisant vœu de prendre la statue dans ses bras et d'élever une

chapelle à l'endroit où il était sur le point de mourir. Soudain, un ange apparut et coupa la corde, libérant ainsi notre homme. Celui-ci tint sa promesse. Sur le dernier vitrail, le gentilhomme présente fièrement son œuvre achevée à la Vierge entourée d'anges. En Bretagne, c'est souvent une légende qui préside à la fondation d'un édifice religieux. Éclatants de couleurs et d'un grand réalisme, les vitraux de Notre-Dame-du-Haut n'échappent pas à cette règle, dévoilant le mythe fondateur de la petite chapelle avec magnificence.

POTION D'APOTHICAIRE ET COMMERCES PROSPÈRES

MONCONTOUR
ENSEIGNES EN FER FORGÉ

Fièrement juchée sur sa colline escarpée et ceinte d'une partie de ses imposants remparts, la petite ville de Moncontour sait offrir de douces et agréables balades au gré de ses ruelles témoignant d'une histoire mouvementée. Sa position stratégique en fit l'une des places fortes du Penthièvre et, si elle eut à subir maints assauts au Moyen Âge, elle sut les négocier en ayant le droit de battre monnaie au XIVe siècle. Mais les guerres et les sièges n'empêchèrent pas le commerce de prospérer. En témoignent les enseignes en fer forgé qui, renouant avec la tradition médiévale,

ornent les boutiques et les échoppes artisanales. Vivement colorées, cocasses, avec leurs personnages habillés en costumes d'époque, elles se découvrent en saillie sur les façades en granit qu'elles animent par une foule de petits détails surprenants. Des joueurs de cartes sont attablés dans un café, un pharmacien prépare ses potions, un oculiste tient une paire de grosses lunettes tandis qu'un arbalétrier s'exerce au jeu du papegault, qui consistait à tirer sur une cible placée en hauteur. Ces scènes permettaient à une population largement analphabète d'identifier les services proposées par les commerçants et les artisans. Elles confèrent aujourd'hui à Moncontour un indéniable pittoresque.

TOILES DE BRETAGNE

SAINT-THÉLO
MAISONS DE MARCHANDS

En découvrant les grandes maisons des XVIIe et XVIIIe siècles ou l'église richement décorée de Saint-Thélo, on se demande qui a bien pu ériger de si fastes édifices dans une si petite commune. Il convient de se reporter à l'année 1670 qui marque l'apogée d'un bassin textile producteur de l'une des plus prestigieuses toiles de lin, dont la région de Saint-Thélo fut le cœur. Dotés d'une qualité hors pair, ces tissus, appelés « toiles de Bretagne », se taillèrent la part du lion sur le marché. Leur prix ne cessait de grimper, garantissant la prospérité à des négociants qui fournissaient les riches armateurs de Saint-Malo et de Nantes. C'est ainsi que la bourgade des Toiles Bretagne, qui comptera à la veille de la Révolution jusqu'à deux mille âmes et quatre cents métiers à tisser, s'embellit de vastes demeures à deux étages inspirées du modèle malouin et édifiées par des marchands vivant quasiment sur le même pied que l'aristocratie.

De cet âge d'or datent les bâtiments d'habitations, les pileries et les entrepôts qui forment un ensemble architectural symétrique à la française, avec murs en schiste et ouvertures en granit, angles de murs ouvragés et balcons.

À Saint-Thélo, cette expansion durera jusqu'en 1830, puis l'industrialisation naissante viendra peu à peu stopper ce fructueux commerce. Les grandes familles partiront alors, non sans laisser derrière elles les plus belles traces d'un prodigieux passé.

Un circuit balisé à travers le village permet d'admirer, notamment, la maison du sieur Glais, le manoir de Botidou ou la maison aux Deux-Croix, tandis qu'une exposition invite à faire connaissance avec l'histoire de la petite fleur bleue, de la graine à la toile.

MALO, CORENTIN, BRIEUC... ET JEANNE

LOUDÉAC
GALERIE DE LA TABLE RONDE
VENELLE VICTOR-BONER
Tél. 02 96 28 07 35
Ouvert du mardi au samedi de 10h à 12h00 et de 15h à 18h

Face au porche de l'église, la venelle Victor-Boner donne accès à la galerie de la Table ronde consacrée à l'œuvre de Jeanne Malivel, née à Loudéac en 1895 et figure de proue du renouveau de l'art breton au début du XXe siècle. Après des études aux Beaux-Arts de Paris, elle décide de se consacrer à la gravure sur bois.
En 1922, elle réalise ainsi soixante-douze gravures pour l'illustration d'un ouvrage intitulé *L'Histoire de notre Bretagne*, qui la feront découvrir du grand public et lui vaudront la reconnaissance des milieux artistiques.
Convaincue « que c'est toujours en se rattachant aux traditions, aux survivances du passé que l'avenir peut se fonder et se développer », elle n'aura de cesse de travailler au renouvellement des arts décoratifs de sa région. Son amour pour la culture populaire ajouté à un régionalisme modéré s'exprimera au sein du mouvement *Ar Seiz Breur* (les Sept Frères), qu'elle contribua à fonder et dont le nom se rattache aux sept saints fondateurs bretons : Malo, Corentin, Brieuc, Samson, Tugdual, Patern et Pol-Aurélien. Le groupe d'artistes dont elle faisait partie présenta l'actuel drapeau breton à Paris en 1925.
Les meubles, les toiles, les dessins et les modèles de décoration sur tissu exposés dans la galerie offrent un aperçu du talent de cette artiste prématurément disparue, qui s'engagea dans la promotion de l'art populaire sous toutes ses formes : marqueterie, faïence, bois gravés, dessin, menuiserie, costumes, tissus... Ce faisant, elle mettra l'art breton sur la voie de la modernité.

PRÉLUDE EN DO MAJEUR

SAINT-NICOLAS-DU-PÉLEM
ROUE À CARILLONS
NOTRE-DAME-DU-RUELLOU

La roue à carillons en bois polychrome est certainement la chose la plus précieuse conservée dans la chapelle Notre-Dame-du-Ruellou. Elle est du même type que celles qui ornaient, au Moyen Âge, les sanctuaires de France et d'Europe, et qui font désormais l'objet d'une politique de conservation très suivie. En Bretagne, il ne reste que cinq de ces roues qui font encore entendre le tintement de leurs douze clochettes, du do grave au do aigu, reproduisant par le biais d'une symbolique musicale la course du soleil.
Appelées « roue de fortune », « roue de guérison » ou « roue de gloire », ces étonnants instruments sont considérés comme la survivance des roues solaires attachées jadis au culte de Belenos, le dieu solaire des Celtes. Nous savons aussi, par Hérodote, que ces objets étaient utilisés dans leurs rituels par les prêtres de l'Égypte ancienne.
Richement ouvragée, la roue à carillons de Notre-Dame-du-Ruellou se compose de douze rayons reliant le moyeu rouge à la jante verte portant les clochettes, alternativement jaunes, bleues et grises. Elle se signale par son support de fixation surmonté de deux têtes humaines et orné à ses extrémités de deux gueules de chien rouge sculptées.
Dans cette Bretagne à la foi fervente, les occasions de les faire sonner ne manquaient pas : baptêmes, mariages, fêtes et pardons. Durant les messes, clercs ou notables les faisaient tinter pour célébrer l'élévation.
De nos jours, ces roues sont en outre liées à des pratiques plus superstitieuses et servent de moyen d'intercession pour obtenir une guérison ou une grâce particulière. Il faut pour cela actionner ces inestimables petites clochettes après avoir formulé un vœu.

LE CHEMIN DE L'EAU

ALLINEUC
RIGOLE D'HILVERN
DEPUIS BOSMÉLÉAC

Les promeneurs, cyclistes et cavaliers qui empruntent le chemin de halage longeant la rigole d'Hilvern n'imaginent certainement pas l'énergie déployée entre 1828 et 1838 pour la réalisation de cet ouvrage d'art insolite. Cette rigole alimentait jadis en eau le canal de Nantes à Brest, depuis le barrage de Bosméléac. Si l'idée d'aménager une voie de navigation intérieure en Bretagne date du règne de François Ier, c'est Napoléon Ier qui verra d'abord dans ce canal la possibilité de contourner le blocus de Brest par les Britanniques. Pour mener à bien ce projet, il fallut creuser à même le relief la rigole d'Hilvern, qui constitue un énorme bief de dérivation de la rivière Oust. L'entreprise nécessita l'embauche de six cents personnes, hommes, femmes et enfants.
En définitive, la vocation du canal fut plus commerciale que stratégique. Ensuite, peu à peu concurrencé par le chemin de fer et la route, il n'a plus été utilisé que pour la navigation de plaisance, faisant perdre à la rigole d'Hilvern son intérêt premier. Serpentant en bordure de la vallée de l'Oust, elle offre aujourd'hui une belle occasion de promenade dans un site remarquable où abondent les hêtres et les châtaigniers.

À BOULETS ROUGES

PLÉRIN
FOUR À BOULETS
POINTE DU ROSELIER

Gare à l'intrus qui osait s'approcher de la falaise culminant à plus de 70 mètres au-dessus de la mer ! Sur la pointe du Roselier, un four à boulets permit, à partir de 1794, de chauffer ces projectiles destinés aux vaisseaux ennemis. De là vient l'expression « tirer à boulets rouges ». Mais, désormais, la pointe du Roselier n'offre plus que son pittoresque et ses fantastiques panoramas.

UN PORT NOMMÉ FAVIGO

SAINT-BRIEUC
PORT DU LÉGUÉ

Situé à 3 kilomètres de la mer sur un plateau profondément entaillé par les vallées du Gouëdic et du Gouët, Saint-Brieuc n'en possède pas moins un port de pêche et de plaisance d'où émane une ambiance très particulière.
Jusqu'à ce qu'il reçoive les premiers pavés de ses quais en 1752, le port du Légué ne consistait qu'en une rivière s'asséchant après chaque marée. Les bateaux qui y accostaient devaient s'amarrer aux maisons d'habitation. C'était l'époque où les marins-pêcheurs étaient tenus de présenter leurs poissons à la pêcherie seigneuriale avant de les vendre sous peine de confiscation et d'amendes.
L'endroit est parfois appelé « port Favigo », du nom d'une famille d'armateurs y ayant fait fortune dans le commerce. Plusieurs demeures de riches négociants ainsi qu'un grenier à sel témoignent du passé illustre du port du Légué, qui dut néanmoins attendre le XVIIIe siècle pour voir se construire, sur sa rive droite, un bassin à flot et un barrage à écluse lui permettant d'accueillir des navires de plus fort tonnage.
Aujourd'hui, les habitants du Légué ne pratiquent plus la pêche à la morue, mais celle de la coquille Saint-Jacques. Il n'empêche que le port, avec ses maisons typiques et ses entrepôts en face-à-face, ne cesse de renouer avec son histoire, tandis que marais et vasières vivent alentour au rythme des marées.

ANA
ET LES NYMPHES

GUINGAMP
FONTAINE DE LA PLOMÉE
PLACE DU CENTRE

Construite au XVe siècle, la fontaine de la Plomée fut placée au milieu de la place du Centre en 1588, près de la basilique Notre-Dame-de-Bon-Secours. Elle fut ensuite remaniée en 1745 dans un style Renaissance par le sculpteur Corlay qui l'enrichit de motifs décoratifs.
Associant le granit pour sa grande vasque inférieure et le plomb pour ses deux vasques supérieures, cette fontaine présente des orifices permettant l'écoulement de l'eau, qui sont tous sculptés : têtes de bélier pour la vasque en granit, chevaux ailés et nymphes pour les vasques en plomb. Sur les rebords de ces dernières apparaissent des dauphins, ainsi que des anges aux ailes déployées.
La colonne centrale porte la statue de la déesse mère Ana, une figure mythologique de l'Irlande celtique qui est vénérée en Bretagne.
Sur cette place entourée de maisons anciennes à pans de bois, la fontaine, symbole de Guingamp, n'a pas fini de faire entendre la douce mélodie de ses jets d'eau.

DES PATRONS MODÈLES

CHÂTELAUDREN
IMPRIMERIE DU « PETIT ÉCHO DE LA MODE »
5, RUE OLIVIER-RUPÉROU
Tél. 02 96 74 20 74
www.petit-echo-de-la-mode.fr

On ne sait peut-être pas que Châtelaudren, qui sut de tout temps exploiter la rivière du Leff, devint au XXe siècle la seconde capitale de la mode française. Non que sur ses rives s'égrenaient de prestigieuses boutiques de luxe. En fait, c'est en accueillant l'imprimerie du *Petit Écho de la Mode*, le plus célèbre magazine féminin et familial de l'époque, que cette « petite cité de caractère » est devenue chère au cœur des couturières. Le nom de la publication figure toujours en grosses lettres sur la façade du bâtiment dans lequel étaient réalisés les fameux patrons-modèles attendus chaque semaine par plus de deux cent mille lectrices au plus fort de l'activité. L'histoire du *Petit Écho de la Mode* est aussi longue qu'une bobine de fil.

Fondé en 1880, le journal, dont les romans à épisodes et les annonces publicitaires allaient asseoir la réputation, s'installa d'abord à Paris, près du parc Montsouris, avant de se résoudre à gagner des locaux adaptés à son développement. Cette grande aventure industrielle commença dès 1923 lorsque Charles-Albert de Penanster, fils du fondateur, se rappela qu'il existait à Châtelaudren une papeterie fonctionnant à l'aide d'une turbine hydroélectrique. Édité à Paris et imprimé en Bretagne, le *Petit Écho de la Mode* finira par atteindre des sommets de notoriété. Au sein d'une

architecture de briques et de métal riveté, expositions et visites guidées fournissent une passionnante approche de l'histoire de cette imprimerie à l'ancienne, avec ses rotatives et ses ateliers de composition au plomb, qui témoigne du dynamisme de la ville, capitale historique du Goëlo.

TOUT UN MONDE À L'OUVRAGE

LOC-ENVEL
DÉCOR DE BOIS SCULPTÉ
ÉGLISE SAINT-ENVEL

Située au cœur du petit village de Loc-Envel, peuplé autrefois de bûcherons et de sabotiers, l'église du XVIe siècle est un hymne à la ferveur religieuse et un appel ardent à la spiritualité. Construite dans le style gothique flamboyant, elle est animée d'une foule de sculptures en bois polychrome. Sa belle voûte lambrissée possède d'innombrables nervures se terminant au sommet par des couvre-joints et des poinçons ouvragés. Sur l'un d'eux, un agneau symbolisant le Christ immolé fait face à des anges portant les instruments de la Passion. À la croisée de la voûte, une clé pendante forme un groupe figurant d'un côté le Christ en gloire et de l'autre la Trinité. Les poutres supportant la charpente sont, elles aussi, magnifiquement ouvragées. Animaux, monstres et figures humaines rivalisent d'étrangeté, jaillissant ici et là, telles des gargouilles fantastiques, sous forme de serpent, dragon, singe, gnome... Plus loin sont représentés les quatre évangélistes protégés par des anges, tandis qu'apparaît un Christ en gloire à l'heure du Jugement dernier, installé sur son trône.
Ainsi, le décor de l'église Saint-Envel développe-il un programme iconographique qui se lit comme le combat de l'Église contre les vices, personnifiés par d'inquiétantes figures. On se sent entouré et observé, littéralement happé par une nuée de personnages produisant un effet saisissant, et l'on se demande où les talentueux sculpteurs ayant donné vie à ce monde aérien ont-ils bien pu puiser une telle imagination créatrice.

LA MORT SAISIT LE VIF

PLOUHA
FRESQUES
CHAPELLE DE KERMARIA-IN-ISQUIT
À 3,5 KM DU BOURG, DIRECTION PLÉHÉDEL

L'égalité devant la mort, c'est ce que suggère l'infernale sarabande de figures représentées sur les murs de la chapelle de Kermaria-in-Isquit édifiée au XIIIe siècle. Traduisant l'angoisse de mourir qui s'empare de l'Europe dès la fin du Moyen Âge, à la suite notamment de la Grande Peste, ce type de représentation va se développer dans de nombreux édifices religieux.
La fresque de Plouha s'inspire de la *Danse macabre* peinte en 1425 au charnier du cimetière des Innocents à Paris, aujourd'hui disparu.
Réalisée de 1488 à 1501 sous forme de grandes vignettes de chaque côté de la nef, cette fresque montre la mort entraînant, sans distinction d'âge ni de classe sociale, différents personnages apparaissant par ordre d'importance dans la société médiévale. Ils sont séparés par des cadavres décharnés, personnifications de la grande faucheuse qui impulsent le funeste tempo. Ainsi, du sud vers le nord défilent le pape, l'empereur, le cardinal, le roi, le patriarche, le connétable, l'archevêque, le chevalier, l'évêque, l'écuyer, l'abbé, le bailli, l'astrologue, le bourgeois, le chartreux et le sergent. Viennent ensuite quatre personnages qui ne sont pas séparés par des squelettes : le médecin avec sa fiole, la femme, l'usurier et le pauvre. L'amoureux prend la place d'un mort et se retrouve entre deux vivants : cette anomalie volontaire illustre l'amour éternel, seule note optimiste de ces peintures. La fresque s'achève sur le musicien avec son biniou, le laboureur avec ses outils, le cordonnier et l'enfant.
Longtemps dissimulée sous un badigeon qui l'a protégée, cette *Danse macabre* est à lire en miroir avec une autre fresque du collatéral nord : le *Dit des trois morts et des trois vifs*. Trois seigneurs partant à la chasse sont interpellés par trois cadavres en ces termes : « Nous avons été ce que vous êtes et vous serez ce que nous sommes. » Cet avertissement, les fidèles avaient tout le temps de le méditer durant les offices.

LES PIEUX DANS L'EAU

PLOUHA
MOUILLAGE DE GWIN ZÉGAL
À 4 KM DU BOURG

Bénéficiant de l'abri naturel constitué par un îlot rocheux qui le protège des grandes marées et des vents dominants, le port de Gwin Zégal est un mouillage à marée constitué d'une trentaine de robustes pieux en bois de chêne ou de châtaignier. Hauts de 8 à 10 mètres, ils sont plantés en ligne dans le sable du rivage avec leurs racines et sont entourés à leur base de pierres pour mieux en renforcer l'ancrage. L'origine de ce mouillage remonte au Ve siècle, lorsque les moines évangélisateurs irlandais débarquèrent sur les côtes bretonnes. Comment ces pieux parviennent-ils à résister aux flots et à retenir aussi sûrement toutes ces barques colorées ? Simplement grâce à la pression exercée par le sable mouillé.
Niché au pied des falaises de Plouha, les plus hautes de Bretagne, accessible par le chemin des douaniers offrant de merveilleuses vues sur la mer, ce port, curieusement nommé « vin de seigle », appartient à un rare et précieux patrimoine maritime européen.

UN SAINT-SÉPULCRE EN BRETAGNE

LANLEFF
TEMPLE DE LANLEFF

Église ou temple, et s'il s'agit d'un temple, est-il celte, gaulois ou romain ? Ces splendides ruines de granit rose à gros grains, dont les premiers relevés fiables datent de 1735, ont fait l'objet de nombreuses hypothèses. Les habitants de la région, eux, n'ont pas hésité à baptiser cet édifice du nom de « temple de Lanleff ». En fait, cette construction de plan circulaire serait une ancienne église romane édifiée au XIe siècle sur le modèle de la basilique du Saint-Sépulcre à Jérusalem. Douze arcades en plein cintre surmontées de chapiteaux sculptés permettent d'accéder au bas-côté qui forme un parfait déambulatoire tournant autour de la rotonde.

L'ensemble devait être à l'origine coiffé d'une coupole ou d'une calotte de pierre et éclairé par un lanternon, comme le laissent penser les trois travées du déambulatoire encore couvertes. Des trois chapelles qui existaient autrefois, une seule subsiste.
La décoration sculptée ornant les moulures en bas-relief des piliers et des chapiteaux surprend par sa variété et sa richesse : losanges, damiers, chevrons, motifs de vannerie et de chevaux, animaux fantastiques et figures humaines aux mains énormes. Situés à l'écart du bourg de Lanleff, ces vestiges n'ont sans doute pas encore livré tous leurs secrets.

LAVANDIÈRES À DOMICILE

PONTRIEUX
LAVOIRS DES BERGES DU TRIEUX

Pontrieux doit sa raison d'être et sa prospérité au Trieux, petit fleuve côtier sur les rives duquel elle est bâtie. Déjà fréquenté par les drakkars vikings, ce fleuve n'a pas seulement donné son nom à la cité, il a aussi ouvert, au cœur d'une ville située entre Trégor et Goëlo, la voie d'un commerce prospère. C'est en effet dès le XVIIIe siècle, avec l'essor du port basé sur le négoce des grains ainsi que sur l'industrie du chanvre, du lin et du papier, que Pontrieux devint florissante. Sa richesse fut propice à la mise en place, le long de ses berges, d'une cinquantaine de lavoirs aux toitures d'ardoise qui ont un indéniable charme. Et, pour l'anecdote, c'est dans les cartonneries Huet de Pontrieux que furent fabriqués les premiers tickets de métro.

Sur les rives du fleuve essaimèrent également de grandes maisons bourgeoises de deux ou trois étages donnant à la fois sur la rue et sur le fleuve. Les propriétaires cossus de ces demeures leur adjoignirent des lavoirs privés, chaque famille faisant travailler plusieurs lingères et lavandières.

Protégées du soleil comme des intempéries, ces femmes animaient certainement les rives de leurs causeries rythmées par les coups des battoirs.
Magnifiquement mis en valeur par la qualité de leur restauration et de magnifiques jeux de lumière le soir venu, ces lavoirs artistiquement décorés et savamment fleuris témoignent du mariage heureux de la ville avec la rivière. On les découvre au fil de l'eau, durant une bucolique promenade en barque.

La vie du rail

PONTRIEUX
GARE FERROVIAIRE ET TRAIN À VAPEUR
Tél. 0 892 391 427
www.vapeurdutrieux.com

Pontrieux, sa petite gare et ses environs se visitent comme un musée. À l'intérieur de l'édifice, objets d'époque, cadres jaunis et banquettes en bois évoquent la longue et émouvante histoire des chemins de fer.
À l'extérieur, les wagons du train nommé la Vapeur du Trieux et leur locomotive Mallet, construite en 1911, attendent le voyageur pour le conduire jusqu'à Paimpol en passant le long de l'estuaire du Trieux : c'est, en effet, la seule façon de le découvrir.

DES VEUVES À LA CAPE NOIRE

PLOUBAZLANEC
MUR DES DISPARUS
CIMETIÈRE

La région de Paimpol a vécu dès le milieu du XIXe siècle la grande épopée de la pêche à la morue sur les bancs d'Islande, qui connaîtra son apogée en 1895. Dans l'espoir d'un salaire conséquent, les hommes s'embarquaient sur des navires qui avaient pour nom le *Bouton d'Or*, la *Violette* ou la *Jolie Brise*. Il suffit de lire *Pêcheurs d'Islande*, le roman de Pierre Loti, pour comprendre à quel point le retour de ces goélettes chargées à bloc était ardemment attendu et fêté par toute une région. Lors des campagnes de pêche qui duraient plusieurs mois d'affilée, les bateaux partaient faire le « grand métier » et affronter les terribles conditions de navigation régnant en ces mers hostiles. Brumes tenaces, écueils de glace, tempêtes et maladies étaient leur lot commun.
Il faut imaginer l'attente anxieuse de familles entières guettant du haut des falaises l'assurance des retrouvailles, la joie incroyable des uns ou la tristesse indescriptible des autres.
Sur un mur du cimetière de Ploubazlanec s'alignent de sobres plaques en bois noir surmontées d'une petite croix blanche qui portent le nom des disparus.
Entre 1852 et 1935, quelque 120 goélettes et 2 000 pêcheurs périrent en mer.
En ce lieu qui appelle au recueillement, on ne manquera pas d'honorer également la mémoire de ces femmes de marins qui, une fois devenues veuves, revêtaient une longue cape noire, dont la large capuche dérobait leur visage aux regards...

FRONT BRETON

PLEUBIAN
SILLON DE TALBERT

À l'extrême pointe de la presqu'île trégoroise formée par l'embouchure du Trieux et celle du Jaudy se trouve une étroite et spectaculaire langue de galets et de sable s'avançant dans la mer sur près de 3 kilomètres. C'est le sillon de Talbert (*Tal berv* en breton signifie « qui fait front »), créé au fil des ans par l'action combinée des courants des deux fleuves et par une forte houle issue du nord-ouest. Immobile en apparence, cette formation géologique évolue pourtant en permanence sous l'effet des éléments, la pointe du sillon s'étirant ainsi inexorablement vers le nord-est en fragilisant sa base. Les dégradations entraînées par les activités humaines durant des siècles s'ajoutent à l'évolution naturelle. Ainsi, les galets du sillon furent-ils continuellement ramassés afin de construire et rénover les chemins alentour. Des cartes du XVIIe et du XVIIIe siècles attestent que le sillon s'élançait en mer sur près de 6 kilomètres. Après s'être rompu au XIXe siècle, il s'est lentement reconstitué et, au début du XXe siècle, il était si élevé que la mer ne pouvait le recouvrir. En revanche, il est aujourd'hui, en certains endroits, enveloppé par les flots lors des grandes marées. Devenu propriété du Conservatoire du littoral, le sillon de Talbert, ainsi que la faune et la flore qu'il accueille, bénéficie désormais de fortes mesures de protection, car, à terme, son effondrement aurait pour effet de livrer le chenal de Paimpol à la houle du large. Ce site majeur des côtes bretonnes à l'horizon duquel surgissent, à marée basse, une multitude d'îlots se découvre à pied selon un itinéraire balisé.

BELLUS PORTUS

PAIMPOL
ABBAYE DE BEAUPORT
KÉRITY, DIRECTION PLOÉZEC
Tél. 02 96 55 18 58
www.abbaye-beauport.com
Ouvert tous les jours de l'année.
Horaires variables selon la saison

Quand les moines de l'ordre des Prémontrés eurent achevé la construction de l'abbaye de Beauport en 1250, ils la nommèrent Bellus Portus. En édifiant ce somptueux édifice entre le bord de mer et une lande sauvage entourée de bois, ils savaient parfaitement ce qu'ils faisaient. Aujourd'hui, les ruines pleines d'élégance de l'abbaye dominent encore de leur masse imposante une végétation exubérante qui rappelle que les moines entretenaient ici verger, potager, roseraie et jardin à la française. Le site était également ceint d'une digue au-delà de laquelle s'étendaient un étang ainsi que des prés salés où paissait du bétail.
L'église abbatiale à trois nefs, désormais à ciel ouvert, est un pur joyau d'architecture romano-gothique. Elle communique avec la grande salle capitulaire, remarquable expression d'un style normand qui se retrouve au Mont-Saint-Michel. Divisée en deux vaisseaux grâce à une rangée de colonnes, cette salle, qui se prolonge par une abside polygonale, s'ouvre sur un cloître par deux portes géminées.
Important centre spirituel, l'abbaye fut une étape essentielle sur la route de Saint-Jacques-de-Compostelle. Les moines venus d'Irlande, d'Écosse ou de Cornouaille y étaient accueillis. Elle eut aussi un rôle économique et politique notable, car les prémontrés étaient devenus des seigneurs féodaux, rendant la justice sur les paroisses de la région et devant, à ce titre, aider les familles les plus pauvres.
Pillée à la Révolution et vendue comme bien national, l'abbaye servit, entre autres, de fabrique de poudre à canon avant d'être laissée à l'abandon. En 1862, Prosper Mérimée, en la faisant classer aux monuments historiques, la sauva de la déchéance.
Propriété depuis 1992 du Conservatoire du littoral, l'abbaye a bénéficié d'un projet de restauration. Même à l'état de vestiges, le charme de ce lieu opère toujours.

LE GRAND AVOCAT DES PAUVRES

TRÉGUIER
TOMBEAU DE SAINT YVES
CATHÉDRALE SAINT-TUGDUAL

Saint Yves est le patron des avocats et des hommes de loi. La plaque commémorative apposée en 1936 par des avocats américains à proximité de son tombeau témoigne de la notoriété mondiale de ce personnage que Rome canonisa et auquel elle consacra deux églises. C'est pourquoi il est non seulement le saint le plus invoqué, mais également l'un des « patrons » de la Bretagne.

L'histoire de cet homme, né sous le nom d'Yves Hélory de Kermartin vers 1250 et qui eut l'immense privilège d'être canonisé en 1347, est édifiante. Ayant étudié le droit et la théologie, ce fils de famille noble se mit toute sa vie au service des plus démunis, allant jusqu'à ouvrir les portes de son manoir aux mendiants ou aux pestiférés. Rendant la justice en différents lieux, il s'interdisait de privilégier le riche au détriment du pauvre. Il fut enterré à Tréguier, dans la cathédrale.

Il est représenté traditionnellement tenant d'une main le parchemin attestant de sa charge de juge ecclésiastique et de l'autre une bourse comme signe de sa générosité. Son fastueux tombeau n'est qu'une copie datant de 1889, l'original ayant été détruit en 1794 par le bataillon d'Étampes, mais il n'en constitue pas moins un véritable écrin de pierre finement sculptée, dont la vive blancheur tranche sur le granit et enveloppe ceux qui s'en approchent d'une lumière extraordinaire.

Des dizaines d'ex-voto, souvent émouvants, déposés par les fidèles forment un parterre de remerciements au-dessus duquel repose le gisant du saint entouré de deux anges.

Le troisième dimanche de mai, la cathédrale est le point de départ du pardon en l'honneur de saint Yves, qui est l'un des plus importants de Bretagne. Pour l'occasion, une délégation d'hommes de loi venus du monde entier se joint à la procession des pèlerins jusqu'à l'église de Minily-Tréguier, escortant solennellement la châsse renfermant le crâne du saint.

UN PENCHANT POUR L'ART

PLOUGRESCANT
CHAPELLE SAINT-GONERY
DIRECTION LA BAIE D'ENFER

Non, non, ne vous y trompez pas. Le clocher de la chapelle Saint-Gonery et sa lourde flèche en plomb sont bel et bien tordus et penchent dangereusement, mais, curieusement, pas du même côté. Cependant, il n'y a aucune crainte à avoir quant à l'état de conservation de cet appendice architectural qui semble se tortiller avec ses gargouilles, tel un ver dans les airs.
Cette bizarrerie liée à la pression exercée par le poids du métal a même été scrupuleusement respectée lors de la restauration du XIXe siècle, et si l'ensemble a été fortement consolidé, il n'a jamais été redressé, ce qui lui confère un pouvoir d'attraction intact.
Mais tout cela n'est rien comparé à ce qui attend le visiteur à l'intérieur de la chapelle consacrée à saint Gonery, ermite venu de Grande-Bretagne au VIe siècle pour évangéliser l'Armorique. Son véritable attrait tient aux peintures sur bois du XVIe siècle recouvrant les lambris de la nef. Restaurée au XIXe siècle, cette somptueuse suite de petits tableaux sur fond ocre parsemé d'étoiles reprend, dans un style naïf, les principaux épisodes de l'Ancien Testament et de la vie du Christ. Les épisodes de la Nativité, de la Résurrection ou de la trahison de Judas succèdent ainsi au récit de la Genèse. Dans ces dernières scènes, il est intéressant de constater comment les obligations imposées à l'art religieux par le concile de Trente [1545-1563] en matière de décence et de moralité se font jour dans les portraits d'Adam et Ève.
Le mobilier offre également une grande richesse représentée par des tombeaux et par le mausolée avec gisant de Guillaume du Halgouët, évêque de Tréguier.
Reste au visiteur à adopter la position du clocher en s'inclinant devant ces chefs-d'œuvre.

LA SENTINELLE ENFOUIE

PENVÉNAN
CHAPELLE NOTRE-DAME-DE-PORT-BLANC

À l'origine simple tour de guet construite au XIIe siècle pour surveiller la baie du port de Saint-Gildas, la chapelle Notre-Dame-de-Port-Blanc tint durant des siècles le rôle de sanctuaire religieux, mais aussi marin et militaire. Les coups portés par les Anglais devinrent si fréquents à la fin du XVe siècle que les habitants, ayant invoqué la Vierge, décidèrent de lui élever au XVIe siècle une chapelle en échange de sa protection. Celle-ci deviendra un fort bon poste d'observation des côtes grâce à son architecture remarquablement conçue qui exploite la pente du terrain sur lequel elle est bâtie. L'une de ses extrémités est, en effet, en partie enterrée de sorte que sa large toiture arrive au ras du sol. Ainsi camouflée, elle est invisible du rivage. Accessible par un escalier taillé dans le granit, elle se dresse aujourd'hui dans un petit enclos comportant un calvaire. Cette singulière chapelle qui ne possède qu'un seul bas-côté présente une collection d'objets aussi variée qu'admirable. Les statues des saints bretons voisinent avec les saints traditionnels – saint Yves, protecteur de la région, se tient entre le riche et le pauvre et saint Sébastien exhibe ses flèches. Du plafond pendent des maquettes de bateaux comme autant d'ex-voto rappelant la vocation marine de cette adorable chapelle.

L'ARCHIPEL AUX OISEAUX

PERROS-GUIREC
RÉSERVE DES SEPT-ÎLES
APPROCHE EN BATEAU
Embarquement à gauche de la plage du Trestraou

Au large de Perros-Guirec, l'archipel des Sept-Îles égrène ses cailloux qui ont pour noms Rouzic, Malban, Bono, l'île aux Moines, l'Île plate, les Cerfs, les Costans. Ces poussières d'île abritent une extraordinaire réserve naturelle possédant la plus grande concentration d'oiseaux marins de France. À l'exception de l'île aux Moines, elles sont interdites au débarquement, mais peuvent se découvrir lors d'excursions en vedette.

On pourrait croire qu'elles constituent des havres de silence et de tranquillité, mais il n'en est rien, bien au contraire. Ces quelque 40 hectares de terre sont furieusement animés par les allées et venues continuelles, les chants, les cris, les piaillements et même les disputes de ces oiseaux.

Rien qu'en se rendant à l'île Rouzic, le visiteur se voit escorté par des fous de Bassan qui ont fait de ce rocher leur unique site de reproduction en France. Plus de 20 000 couples y vivent. Cet oiseau blanc à tête jaune ultra-sportif a la particularité de fondre de 20 mètres de hauteur sur sa proie et de plonger dans l'eau à la vitesse de 100 kilomètres/heure pour saisir les poissons jusqu'à 7 mètres de profondeur. Le macareux moine au gros bec rouge, jaune et bleu, emblème de la Ligue pour la protection des oiseaux, niche dans l'archipel sur les pentes herbues des falaises après un long voyage au large. Pas moins de vingt-sept espèces en tout, parmi lesquelles des cormorans, des goélands, des guillemots, des puffins des Anglais, des pétrels, des pingouins… cohabitent avec un groupe de phoques gris qui se laissent tranquillement bercer par le remous des vagues. Certaines de ces espèces sont néanmoins menacées par la pollution aux hydrocarbures, tels le guillemot de Troïl et le macareux moine.

MONTAGNES VIEILLES DE BRETAGNE

PERROS-GUIREC
ROCHERS DE GRANIT ROSE
HAMEAU DE PLOUMANAC'H
PLAGE DE SAINT-GUIREC

À proximité de la petite plage de Saint-Guirec, un immense jardin de rochers de granit rose à gros grains aux arêtes émoussées s'offre aux yeux du visiteur. Ces amoncellements chaotiques dont l'équilibre laisse songeur constituent un spectacle étonnant, encore plus extraordinaire à marée basse lorsqu'on peut les contempler de près. Cet ensemble aux formes fantastiques dont la couleur joue avec la lumière est le vestige d'une poche magmatique vieille de 300 millions d'années, époque où les montagnes bretonnes étaient plus hautes que les Alpes d'aujourd'hui. En refroidissant, le magma est devenu du granit que l'eau s'est chargée au fil du temps d'éroder et de raviner jusqu'à créer des crevasses et des failles de plus en plus larges provoquant la dislocation de la roche. Sculptés sous la pression des éléments naturels, ces blocs sont affublés de noms évocateurs : « chaises du curé », « bidet de la Vierge », ou encore « empreintes du diable ».
Sur l'îlot de Costaérès se dessine la silhouette extravagante et féerique d'un château noyé dans la végétation. Construit en 1895 par l'ingénieur polonais Bruno Abdank qui y accueillait l'auteur de *Quo Vadis ?*, l'écrivain Henryk Sienkiewicz, la demeure témoigne que la pierre composée de quartz, de mica et de feldspath n'en est pas à une coquetterie près.

SUR LES PAS DES TEMPLIERS

LANNION
ÉGLISE DE BRÉLEVENEZ

Pour accéder au pittoresque quartier de Brélevenez, il faut gravir un long et pentu escalier de pierre, dont on dit qu'il compte autant de marches que de jours dans l'année. Sentier escarpé à l'origine, il servit des siècles durant à fournir les pierres de schiste vert nécessaires à l'agrandissement de l'église de Brélevenez située au sommet de la colline. En montant l'escalier, on peut admirer de charmantes maisons en schiste ornées pour certaines d'un bandeau en carreaux de céramique et pour d'autres de la statue d'un saint protecteur. À l'arrivée, l'église apparaît dans toute sa majesté.
Datant du XIIe siècle, elle fut fondée, de même que le quartier qui l'entoure, par les chevaliers-moines de Montjoie appartenant à l'ordre des templiers, Montjoie se traduisant en breton par Brélevenez. Construit en style roman et remanié à l'époque gothique, le sanctuaire renferme dans sa crypte une remarquable mise au tombeau du XVIIIe siècle, dont les personnages à taille réelle ont été sculptés dans la pierre polychrome.
Face au porche d'entrée, on découvre une mesure à grains qui servait à évaluer la quantité de blé que les paysans devaient fournir pour s'acquitter de la dîme.
De la terrasse, la vue livre un beau panorama sur la ville et la vallée qui justifie pleinement, après la visite de l'église de Brélevenez, le nom de Montjoie.

«SEIGNEUR, VEUILLEZ ME BÉNIR»

PLOUBEZRE
JUBÉ ET VOÛTE SCULPTÉE
CHAPELLE NOTRE-DAME-DE-KERFONS

Le mobilier religieux breton, dont la diversité et la richesse furent encouragées par le mécénat ducal et rendues possibles grâce à la richesse des paroisses, porte parfois la griffe d'artistes reconnus. Or le jubé de la chapelle Notre-Dame-de-Kerfons, réalisé entre 1481 et 1485 par des sculpteurs sur bois morlaisiens, est une œuvre éblouissante de virtuosité.

Édifié dans un style gothique flamboyant, ce jubé comporte une clôture monumentale pourvue d'une tribune accessible par un escalier et du haut de laquelle l'officiant tenait son prêche. La tribune est soutenue par six colonnes torsadées et cinq arcades ajourées d'entrelacs finement sculptés. Elle est, en outre, décorée de quinze panneaux peints figurant des personnages

Hormis son remarquable jubé, cette église édifiée aux XVe et XVIe siècles recèle dans l'aile sud de la chapelle une voûte en forme de coque de bateau renversée.
Cette œuvre de charpentier de marine présente des solives sculptées figurant des cariatides et autres monstres imaginaires, comme autant de petites figures de proue. Rien d'étonnant à cela quand on sait que la tradition maritime est, dans ce secteur de Bretagne, profondément respectée.

aux costumes exquis. Tournés vers les fidèles, les douze apôtres, le Christ, sainte Barbe et sainte Madeleine sollicitent la Vierge au moyen de gestes et d'expressions qui paraissent inspirées par la grâce divine. Chaque personnage porte un attribut symbolique permettant de l'identifier.
Se détachant de la tribune, dix anges aux ailes déployées tenant un livre ouvert apportent légèreté et douceur à l'ensemble.
Seules quelques chapelles bretonnes ont pu conserver les authentiques chefs-d'œuvre que constituent ces jubés.
Beaucoup furent déplacés ou détruits lorsque les décisions prises lors du concile de Trente [1545-1563] imposèrent de rendre le chœur visible aux fidèles, et ce pour contrecarrer le succès grandissant des églises protestantes.
Jube domine benedicere, « Seigneur, veuillez me bénir », dit la locution latine pour définir ces précieuses clôtures.
Dans la chapelle Notre-Dame-de-Kerfons, il en est une qui fait désormais rimer beauté avec éternité.

L'ANKOU ET L'ENFANT DE CHŒUR

PLOUMILLIAU
STATUE DE L'ANKOU
ÉGLISE SAINT-MILLIAU
S'adresser à la mairie si l'église est fermée

Pousser la porte de l'église de Ploumilliau permet de vivre un inoubliable face à face avec l'Ankou, personnage incontournable de la religion bretonne. Cette statue en bois gris datée du XVe siècle, qui représente un squelette tenant une faux à la main droite et une bêche dans l'autre main, est l'un des deux exemplaires connus à ce jour en Bretagne.
La rencontre avec l'Ankou, personnification de la mort, prend une signification redoutable lorsqu'on l'aperçoit la nuit au creux d'un chemin sur son chariot grinçant ou quand il vient frapper à la porte, signifiant par là l'imminent passage de vie à trépas. Proche parent dans la langue bretonne d'*ankoun*, « l'oubli », celui qui se fait appeler « ouvrier de la mort » fait l'objet d'une vaste littérature constituée de sermons, de légendes et autres récits. « Aujourd'hui à moi, demain à toi », telle est la sentence de l'Ankou au dernier mort de l'année qui deviendra lui-même Ankou l'année suivante. Anatole Le Braz, natif de Ploumilliau et auteur de *La Légende de la mort*, l'évoque ainsi dans ses carnets : « Elle [la statue] rappelle à certains égards les écorchés qui ornent bizarrement la plupart des cabinets d'histoire naturelle, mais le ventre se creuse d'un trou béant. Cet Ankou a été la terreur de mon enfance. »
Jadis au nombre de deux, les Ankou de Ploumilliau étaient placés de part et d'autre du catafalque lors des enterrements. L'évanouissement d'un enfant de chœur terrorisé par la sinistre présence mit fin à cette coutume.

CHRONIQUE D'UNE FIN DU MONDE ANNONCÉE

SAINT-MICHEL-EN-GRÈVE
CROIX DE LA LIEUE DE GRÈVE
PRÈS DU RIVAGE

Sur la grande baie de sable qui s'étend entre Saint-Michel-en-Grève et le hameau de Saint-Efflam, on pouvait autrefois voir émerger des flots une croix dite de la Lieue de Grève ou croix de mi-Lieue. Il s'agissait d'un menhir christianisé au Moyen Âge. Que faisait là ce menhir ? À l'époque de sa construction, il se trouvait évidemment sur la terre ferme. Situé à proximité du rivage, il servait de repère géographique sur la voie secondaire reliant Lannion à Morlaix.
Il était censé protéger les voyageurs des attaques des brigands n'hésitant pas à se ruer sur les diligences envasées. Les gens y faisaient aussi une pause, déposant à cette occasion des offrandes pour son entretien. Peu à peu cependant, il fut englouti par la montée des eaux ; seule sa croix dépassait, qui permettait encore d'évaluer le niveau de la marée. Puis il disparut complètement. Mais ce n'est pas la mer qui eut raison de ce menhir légendaire, dont on disait qu'il dissimulait l'endroit où reposait une cité engloutie.
En vertu d'un sombre présage, les gens du pays racontaient que la fin du monde arriverait lorsque le menhir aurait sombré sous les sables. En réalité, plus prosaïquement, il fut retiré en 1944, lors du Débarquement, car il gênait la progression des forces alliées. Depuis, il a été remplacé, en 1993, par une nouvelle croix à branches courtes réalisée en granit de Guerlesquin.
L'apocalypse peut attendre...

M A N C H E
Côte de Granit rose
Côte des Légendes
Île de Batz
Roscoff
Brignogan-Plage
Kerlouan
Saint-Jean-du-Doigt
Trégor
CÔTES-D'ARMOR (22)
Léon
Morlaix
Saint-Thégonnec
Lampaul-Guimiliau
Guimiliau
Landerneau
Brest
Plouzané
Plougonvelin
Plougastel-Daoulas
Monts d'Arrée
Huelgoat
Brennilis
Camaret-sur-Mer
Landévennec
Argol
Poher
Pleyben
Cornouaille
Baie de Douarnenez
Spézet
Saint-Goazec
Cléden-Cap-Sizun
Douarnenez
Locronan
Montagne Noire
Plogoff
Pont-Croix
FINISTÈRE (29)
MORBIHAN (56)
QUIMPER
Plovan
Plomeur
Penmarc'h
Le Guilvinec
Pont-Aven
Quimperlé
Névez
OCÉAN ATLANTIQUE
Site architectural
Site naturel
Léon Nom de pays
0 10 20 km

Finistère

Cathédrale Saint-Corentin, Quimper.

LE DOIGT MIRACULEUX

SAINT-JEAN-DU-DOIGT
RELIQUE ET FONTAINE MIRACULEUSE
ENCLOS PAROISSIAL

La commune de Saint-Jean-du-Doigt tire son nom insolite d'une phalange, précieusement conservée depuis le XVe siècle dans l'église de l'enclos paroissial. Ce doigt sacré, appartenant selon la tradition à saint Jean-Baptiste, aurait des vertus thérapeutiques, dont celle de guérir les maladies des yeux. Une relique dotée de pouvoirs surnaturels ? La belle affaire ! Il en existe tant en Bretagne. Sauf qu'on rapporte à son sujet un authentique fait historique. Alors qu'elle était à Morlaix, Anne de Bretagne, atteinte d'une affection oculaire, demanda à ce que la relique lui soit apportée. Celle-ci fut donc placée dans un reliquaire qui, durant le transport, se renversa, faisant valdinguer on ne sait où la sainte phalange. Quelque temps plus tard, le reliquaire avec sa relique fut miraculeusement retrouvé au fond de l'armoire où il était habituellement rangé. Croyant avoir affaire à un prodige, Anne de Bretagne consentit enfin à se rendre en personne dans l'église afin de toucher la relique.

L'histoire ne dit pas si elle fut guérie, mais, depuis cet événement, le précieux objet est le plus souvent tenu caché, loin des regards. Et ses apparitions en public se comptent sur... les doigts d'une main. En effet, on se contente désormais de plonger, à l'occasion du pardon, le petit os dans les eaux de la fontaine installée au centre de l'enclos. Devenue à son tour miraculeuse, cette fontaine ornée du Père éternel, du Christ et de petits anges, par la bouche desquels jaillit l'eau guérisseuse, attend les malades qui n'ont qu'à se laver le visage pour retrouver la vue.

AU NOM DE LA PIÉTÉ

SAINT-THÉGONNEC
ENCLOS PAROISSIAL

Sur la route des enclos paroissiaux entre Morlaix et Landerneau, Saint-Thégonnec préserve dans ses pierres le fruit d'une immense ferveur religieuse. Monumental et fastueux, l'enclos paroissial fut édifié aux XVIe et XVIIe siècles par les Julot, une lignée de paysans ayant fait fortune dans la manufacture et le négoce des toiles de lin. Somptueusement ornementés, ces enclos sont en Bretagne l'expression d'une ardente piété. À Saint-Thégonnec, on perçoit cette ferveur dès l'arc de triomphe orienté plein sud et couronné de volutes ornées de lanternons. Dernière réalisation des ateliers de l'Elorn en 1610, le calvaire, au sommet duquel figurent des anges recueillant le sang s'écoulant des plaies du Christ, met en scène avec un souci du détail neuf épisodes de la Passion animés par une quarantaine de personnages.

Achevé en 1682 et considéré comme le plus accompli de Bretagne, l'ossuaire, devenu chapelle d'intercession pour les défunts, combine remarquablement éléments Renaissance et baroques. Encadrée de six fenêtres à colonnettes, la porte plein cintre est surmontée d'un fronton dans lequel saint Pol-Aurélien terrasse le dragon sur l'île de Batz.
Dans la chapelle, on peut admirer une saisissante mise au tombeau composée de personnages grandeur nature en bois polychrome, sculptés dans le chêne, ainsi qu'un retable aux colonnes torses d'une étonnante virtuosité. Restaurée à la suite d'un terrible incendie, l'église, aux retables et à la chaire d'une grande richesse baroque, constitue, selon la tradition, le dernier élément de cet exceptionnel enclos.

CÔTÉ RUE, CÔTÉ COUR...

MORLAIX
MAISON À PONDALEZ
9, GRAND-RUE
Tél. 02 98 88 68 88
www.musee.ville.morlaix.fr
Ouvert d'avril à octobre. Horaires variables selon la saison

Situé au fond d'un estuaire à la croisée des chemins terrestres et maritimes, Morlaix fut, dès la fin du Moyen Âge, un très grand port et le centre d'un négoce actif d'où partaient vers l'Angleterre du vin de Bordeaux, du sel de Guérande, des toiles de lin et autres marchandises de valeur.
De cette période prospère, Morlaix conserve de riches demeures à pans de bois et encorbellement que les marchands de toiles, rivalisant d'inventivité, firent édifier.
La maison à Pondalez est particulièrement représentative de ces maisons dites « à lanterne », principe innovant reposant sur un agencement de l'espace unique en son genre. On y découvre une vaste cour centrale où l'on se chauffait grâce à une monumentale cheminée en granit. L'éclairage en était assuré par un lustre de chandelles ou de becs à huile monté depuis le rez-de-chaussée au niveau souhaité par un système de poulies. De cette cour intérieure part un escalier en vis qui dessert, des deux côtés et sur plusieurs étages, les différentes pièces d'habitation grâce à des ponts-galeries appelés *pondalez*. Conçus à partir du XVe siècle, ces passages, certains décorés de plis de serviettes, permettaient d'optimiser l'espace en facilitant la circulation entre les deux parties de l'édifice composé, au rez-de-chaussée, d'une échoppe côté rue et d'une salle basse côté cour et, à l'étage, d'appartements sur les deux côtés.
Sur les piliers de soutien des escaliers en vis ainsi que sur les hautes façades de ces demeures apparaît le talent des artistes

morlaisiens du Moyen Âge et du début de la Renaissance. Des sculptures sur bois figurant la Vierge, sainte Barbe ou saint Jacques voisinent avec des personnages tels qu'un ivrogne, un acrobate, un joueur de biniou et d'autres créatures nées d'un imaginaire fécond.

EAU CHANTANTE

MORLAIX
VENELLES DU CENTRE-VILLE

Née au fond d'une profonde vallée, Morlaix se découvre au gré de ses venelles dont la pente révèle l'escarpement de ses trois faubourgs. Serpentant entre maisons anciennes et jardins suspendus appelés « combots », passages et escaliers, ces venelles sont agrémentées de lavoirs publics alimentés par l'eau chantante dévalant, depuis les plateaux, les rigoles creusées dans les marches de pierre. De ces charmantes ruelles, le promeneur peut découvrir, sous différentes perspectives, le viaduc de granit construit au XIXe siècle qui enjambe le centre-ville.

UN CATÉCHISME DE PIERRE

GUIMILIAU
CALVAIRE
ENCLOS PAROISSIAL

Édifié entre 1581 et 1588, le calvaire de Guimiliau, chef-d'œuvre de la statuaire bretonne, est l'un des premiers à avoir été conçu sur un soubassement octogonal flanqué de contreforts angulaires. Cette disposition particulière permet un plus grand déploiement du récit : fourmillantes de détails, dix-sept scènes intégrant quelque deux cents personnages, la plupart habillés à la mode Renaissance, retracent la vie du Christ avec un souci d'expressivité rarement atteint.
Le niveau supérieur de la face sud est occupé par le portement de Croix. Un soldat mène le cortège entourant le Christ qui tombe à genoux sous le poids de sa lourde charge. Le niveau inférieur montre le Christ lavant les pieds de saint Pierre qui semble s'y refuser. La scène se déroule en présence de deux apôtres, l'un portant un broc d'eau, l'autre une serviette.
La face est présente la mise au tombeau. Le Christ est veillé par trois femmes : l'une d'elles serait le portrait de Marie Stuart, reine d'Écosse et de France, décapitée en 1587, un an avant l'achèvement du calvaire.
À droite de cette séquence, les docteurs de la Loi, reconnaissables à leurs bonnets carrés, ainsi qu'un autre personnage tenant le rouleau où est inscrite la sentence condamnant Jésus surveillent la scène.
À gauche, le Christ, les poignets liés par une corde, s'abandonne sans résistance au soldat qui place un bandeau sur ses yeux.
Sur la face nord, le Christ est arrêté par trois soldats. Ensuite, attaché à une colonne fleurie, il est condamné à la flagellation sous le regard de deux hommes qui conversent.
Au niveau inférieur de la face ouest, le Christ entre dans Jérusalem sur un âne. Dans la séquence de la Cène, on voit l'agneau pascal, le pain et le vin posés sur une table au bout de laquelle est assis Judas qui tient à la main une bourse, symbole de sa trahison. Au-dessus prend place la scène de la Résurrection.
Ainsi, les événements majeurs de l'histoire du Christ se dévoilent-ils en une frise ininterrompue et sans ordre précis, qui se découvre comme un livre de prière.

PASSION BAROQUE

LAMPAUL-GUIMILIAU
RETABLE DE LA PASSION
ÉGLISE NOTRE-DAME

Les Bretons ont construit des milliers d'églises et de chapelles, nous léguant de magnifiques œuvres dont la richesse et l'originalité surprennent encore. Situé à droite de l'autel, le retable de la Passion est une débauche de luxe et de vives couleurs : quatre-vingts personnages saisissants de vérité y mettent en scène les épisodes de la Passion, qui se déploient splendidement devant nos yeux. Les deux tableaux inférieurs relatent la Cène et le lavement des pieds des apôtres par le Christ dans une profusion de dorures à la feuille. Au-dessus, six tableaux, véritables miniatures sculptées en haut-relief, représentent le baiser de Judas, la flagellation, le portement de Croix, la Crucifixion, la descente de Croix et la mise au tombeau. Des colonnes torses à chapiteaux corinthiens, autour desquelles s'enroulent des sarments de vigne, encadrent le retable dominé par deux anges de part et d'autre du Christ ressuscité. Cet ensemble en bois de chêne du XVIIe siècle provient d'un atelier brestois de la Marine royale ; les huit compartiments centraux évoquant le Jeudi et le Vendredi saints sont attribués à l'artiste anversois Robert Moreau.
Réalisée durant le grand mouvement de réforme de l'Église catholique débuté en 1545 face à la montée du protestantisme, cette œuvre qui rivalise de beauté et de réalisme constitue un témoignage remarquable de l'art baroque.

LA BOTTE SECRÈTE DE JOHNNY

ROSCOFF
AU GRÉ DES RUELLES

Que les Roscovites eurent de tout temps maille à partir avec leurs cousins d'outre-Manche n'est un secret pour personne. Parmi les épisodes qui alimentèrent les chroniques locales, l'affaire de l'oignon rose est d'autant plus mémorable que ce sont les Bretons qui tirèrent les premiers...
C'est Henni Ollivier qui, en 1828, chargea le premier sa gabare de la spécialité locale, avec l'idée d'aller la vendre en Grande-Bretagne. Le commerce fut prospère au point qu'entre 1920 et 1930, plus de mille quatre cents commis voyageurs parcoururent les contrées anglaises, galloises et écossaises. Les Britanniques, touchés jusqu'aux... larmes par ces jeunes vendeurs qui portaient à l'épaule leurs oignons tressés en bottes de 3 ou 4 kilos, les appelèrent familièrement Johnnies (ou « petits Jean »). Diffusant par la suite leur marchandise à bicyclette, ces hommes fonceurs – les *bell-breakers* (ou « briseurs de sonnettes ») – partaient le troisième lundi de juillet et revenaient au pays quelques mois plus tard, les poches lourdes de livres sterling.
L'âme de ces aventuriers est encore profondément ancrée dans les ruelles de la ville, où il n'est pas rare de découvrir, sur un trottoir, un vélo chargé d'oignons.

FLEURS DE RUES

ROSCOFF
ENTRÉES DE CAVES
RUE ARMAND-ROUSSEAU ET PLACE LACAZE-DUTHIERS

Dans le cœur historique de Roscoff plane encore l'esprit des corsaires, des capitaines et des armateurs qui imprimèrent dans la pierre les marques de leur richesse. Ainsi en est-il de ces entrées de caves, sur lesquelles courent beaucoup de légendes. Aménagées directement au pied des demeures et sculptées de motifs ornementaux, ces entrées joliment appelées « fleurs de rues », car affleurant le trottoir, révèlent le formidable esprit d'entreprise de ces hommes qui surent à la fois unir leur destin à la mer et faire de leur cité un joyau d'architecture. Au-dessus des murets en belle pierre de granit marquant l'entrée de chaque cave, ils ont fait sculpter des chapiteaux dont les différents motifs avaient pour fonction d'afficher l'identité de leurs propriétaires en même temps que leur fortune. Outre l'aspect esthétique, la fonctionnalité de ces accès facilitait grandement les flux des marchandises destinées à être stockées dans de vastes pièces en sous-sol ou à garnir les étals des commerçants.

UN JARDIN EXTRAORDINAIRE

ÎLE DE BATZ
JARDIN EXOTIQUE GEORGES-DELASELLE
ACCÈS PAR UNE NAVETTE MARITIME DEPUIS ROSCOFF
Tél. 02 98 61 75 65
www.jardin-georgesdelaselle.fr
Ouvert d'avril à octobre. Horaires variables selon la saison

Séparée de Roscoff par un bras de mer que l'on traverse en bateau en 15 minutes, l'île de Batz bénéficie d'un climat extrêmement doux grâce au Gulf Stream. Sur ce petit bout de terre appartenant aux îles du Ponant s'épanouit, dans un exceptionnel jardin, une végétation en grande partie tropicale. C'est le jardin créé en 1897 par Georges Delaselle, un assureur parisien passionné de botanique et désireux de rassembler et d'exposer des collections végétales prisées pour leur exotisme. Certaines de ces plantes, rapportées sur l'île par des marins au cours du XIXe siècle, ornaient déjà les jardins des capitaines de marine. De ce jardin dit « colonial », Georges Delaselle voulut faire un véritable conservatoire de la flore en y acclimatant plus de mille sept cents espèces dont il recréa les milieux spécifiques : jardin maori, terres australes, jardin d'herbes, lande fleurie... L'étonnant arbre goupillon d'Australie voisine ainsi avec les splendides agaves du Mexique, tandis que les lumineux dimorphotécas et les foisonnantes agapanthes d'Afrique du Sud côtoient échiums et anthémis venus des îles Canaries. Sur la partie du site appelée Nécropole, en raison de ses sépultures datant de l'âge du bronze, s'élancent d'élégants arbres néo-zélandais. Creusée dans le sable, la Palmeraie rassemble de très rares espèces de palmiers. Non loin poussent cactées et succulents. Georges Delaselle, que la réalisation de son œuvre monumentale avait ruiné et épuisé, vendit en 1937 sa propriété qui retourna, au fil des années, à l'état sauvage par manque d'entretien. Réhabilitée en 1989 par une équipe de bénévoles, elle fut acquise par le Conservatoire du littoral en 1997. On découvre les différents univers de cette magnifique oasis au long d'allées plongées dans le silence, parfois troublé par le cri de nombreux oiseaux qui ont ici trouvé refuge.

PILLEURS D'ÉPAVES EN PAYS PAGAN

BRIGNOGAN-PLAGE
PHARE DE PONTUSVAL
POINTE DE BEG-POL

Longtemps, les mystérieuses lumières aperçues depuis la mer sur les côtes du Pays pagan alimentèrent les plus folles rumeurs. Ne provenaient-elles pas des sombres activités de ces pilleurs d'épaves, suspectés d'attirer les navires dans les rochers et de les faire chavirer pour récupérer leur cargaison ? Selon certains, les stratagèmes employés par ces farouches naufrageurs consistaient à lier des torches aux cornes de taureaux boiteux pour imiter le mouvement alternatif des feux ou à allumer, la nuit, l'intérieur des églises dans l'unique but de les égarer. Le fait est que cette population, qui vivait dans la plus grande misère, s'était octroyé pour survivre le droit de ramasser sur la grève les bris des navires échoués dans cette difficile contrée maritime. Afin de lutter contre cette pratique et d'assurer aux bateaux un chemin sûr le long de côtes semées d'écueils, les autorités décidèrent, en 1869, de construire sur la commune de Brignogan le phare de Pontusval. Longtemps gardiennée par une femme, la tour blanche haute de 18 mètres veille depuis sur ce littoral. Toutes les 12 secondes, elle envoie ses trois signaux lumineux blancs et rouges et sert de relais lorsque les phares de l'île Vierge et de l'île de Batz baignent dans le brouillard. Protégé par des amas de rochers aux noms étranges, le petit phare ajoute son pittoresque à ce lieu étonnant doté d'une belle lumière et embelli de douces plages de sable blanc.

CAMOUFLAGE DE PIERRE

KERLOUAN
VILLAGE DE MÉNÉHAM

Grand comme une tête d'épingle, le légendaire Pays pagan borde la côte déchiquetée et splendide du Nord finistérien. C'est ainsi que l'on découvre, derrière le cordon dunaire de Kerlouan, à l'abri d'un énorme chaos de roches granitiques, l'étonnant village de Ménéham.
Parfait point d'observation, le hameau entrait dans le cadre du plan de surveillance militaire des côtes mis en place par Vauban sur ordre de Louis XIV. L'indestructible petit bâtiment que l'on découvre encastré entre les rochers en faisait partie. Son curieux toit de pierre lui assurait un camouflage idéal. Il renforça surtout ce poste de garde exposé aux vents, mettant fin aussi aux nombreux vols de bois de charpente commis par les habitants des alentours, à la recherche continuelle de ce précieux combustible.
En retrait, au cœur du village abandonné des hommes il y a une trentaine d'années, un long édifice présente une architecture à la sévérité militaire que sa fonction passée confirme. Divisée en six logements, la « caserne » hébergeait les douaniers avant sa cession en 1835 à un particulier. Ce dernier la loua par la suite à des pêcheurs et paysans qui allaient marquer le village de leur empreinte, comme en témoignent les décrochements de façades maçonnés conçus pour agrandir la surface habitable et accueillir la table familiale.
Les maisons de Ménéham ont fait l'objet d'une restauration récente, tirant d'un long oubli le village de ces pêcheurs-goémoniers, dont l'âme a su rester blottie dans le secret de ses vieilles pierres.

UN PHARE DE BONNE ESPÉRANCE

PLOUZANÉ
POINTE DU PETIT MINOU

Si l'attrait du bord de mer qui s'étend entre Brest et la pointe Saint-Mathieu tient à ses plages de sable blanc protégées entre des falaises, il ne faut pas oublier que cette portion du rivage constitue aussi, avec ses nombreux forts, un lieu hautement stratégique aux abords de l'arsenal brestois. Malgré son nom charmant, la pointe du Petit Minou en est le plus parfait exemple : point de repère pour tous les navires, elle marque l'entrée du goulet de Brest qui donne accès à la rade et dont la traversée est délicate en raison de courants violents. Elle constitue également le point de passage reconnu des coureurs d'océans à l'approche des quais brestois, espérance de marins qui, à son franchissement, valident leur circum-navigation.

Elle offre un point d'observation unique sur le défilé continuel de toutes sortes de bateaux, petits caboteurs, simples voiliers ou énormes cargos chargés de conteneurs multicolores naviguant à quelques dizaines de mètres d'intrépides surfeurs tentant d'attraper la vague. Dans les criques secrètes qui bordent la pointe du Petit Minou mouillent les bâtiments gris de la flotte de guerre, appelée familièrement la Royale. Silencieux jardin militaire ouvrant, dans la discrétion la plus absolue, ses eaux aux sous-marins nucléaires de l'île Longue située à quelques encablures...

À l'extrémité de la pointe se dresse l'adorable phare blanc et rouge du Petit Minou, relié au fort du même nom par un petit pont en pierre, qui côtoie les ruines d'une église abbatiale. Mis en service en 1848 et aligné avec le phare du Portzic, il guide, du haut des 34 mètres de sa lanterne portant son éclairage à 19 milles marins (environ 35 kilomètres), l'entrée de la rade de Brest à tous les marins du monde.

À LA PROUE DE L'ANCIEN MONDE

PLOUGONVELIN
POINTE SAINT-MATHIEU
À 6 KM DU CENTRE-BOURG

Recouverte de landes balayées par des vents violents et fouettée par des vagues déferlantes quand la tempête fait rage, la pointe Saint-Mathieu s'avance loin dans l'océan. À l'extrémité de cette terre, que les Bretons ont surnommée le « bout de nez du Finistère », se dressent les ruines solitaires d'une abbaye bénédictine, d'où semble émerger la haute stature d'un phare blanc coiffé d'une lanterne rouge. La légende rapporte que des marins du pays revenant d'Éthiopie avec la dépouille de saint Mathieu auraient été miraculeusement sauvés du naufrage devant cette pointe. Aussi saint Tanguy choisit-il de fonder au VIe siècle une abbaye afin d'y abriter les reliques du saint voyageur, dont le crâne fut conservé jusqu'à la Révolution. De cet édifice ne subsiste que le chœur (XIIIe siècle) de l'église, ainsi que la nef encore pourvue d'un de ses bas-côtés et dont les arcades témoignent d'un style de construction romano-gothique. Déjà durement éprouvée par trois guerres, entre 1295 et 1404, l'abbaye fut aussi maintes fois pillée. Il faut dire qu'elle était très convoitée en raison de ses richesses provenant de l'impôt, sur le blé notamment, que les moines étaient chargés de prélever à Saint-Mathieu, qui comptait trente-six rues au XIVe siècle ! Achetée comme bien national,

Le supplice de la Croix

PLOUGONVELIN
GIBET DES MOINES

l'abbaye vit ses deux chapelles latérales démolies pour permettre l'édification du phare qui, du haut de ses 56 mètres, est reconnu par les navires à plus de 60 kilomètres, perpétuant à la « proue de l'Ancien Monde » – ainsi que la désignait Michelet – la tradition des moines guetteurs. Il faut venir à la pointe Saint-Mathieu au couchant : là, face aux vestiges de l'abbaye, le spectacle prend une dimension mystique. Tandis que la nuit tombe, les phares de Saint-Mathieu, des Pierres Noires, du Four, de Molène et d'Ouessant s'allument un à un, formant une ronde incessante de lumières sur la mer.

À quelques mètres de la pointe Saint-Mathieu et des vestiges de l'abbaye, face à la mer, s'élèvent deux stèles semblables datant de l'âge du fer qui pourraient avoir représenté un couple de divinités. Surmontées de croix gravées d'une figure de Christ, ces pierres dressées sont entaillées de profondes rainures : au XIIIe siècle, des condamnés y furent attachés à l'aide de cordes. Ainsi, les suppliciés du « gibet des moines » attendaient-ils leur dernier voyage avec, pour ultime vision, l'immensité de l'océan.

BREST
LA ROUGE

BREST
RUE SAINT-MALO

Située en contrebas du plateau des Capucins, dans le vallon de Pontaniou dont les sources et ruisseaux coulent vers la Penfeld, la rue de Saint-Malo reste le vivant témoignage de ce quartier populaire de Recouvrance, qui est l'âme profonde de la cité brestoise.
Bordée de maisons des XVIIe et XVIIIe siècles, avec leurs jardins en terrasse foisonnants aux beaux jours, cette rue plonge ses racines dans la grande aventure de la Royale et ses pavés résonnent encore du pas des sections populaires sous la Révolution. La fière et vindicative âme ouvrière des venelles de Recouvrance, fief de Brest la rouge des années 1950, se mêla aux chants de marins qui montaient autrefois des bistrots.
De ce passé tumultueux émergent des figures hautes en couleur, comme la belle Tamisier. En 1782, un soir de carnaval, elle fit flamber la Madeleine, une prison où l'on enfermait les femmes de mauvaise vie jugées trop présentes dans cette ville à matelots.
La rue de Saint-Malo est un véritable défi au temps, résistant depuis plus de trois cents ans à tous les assauts, jusqu'aux bombes dévastatrices de la Seconde Guerre mondiale qui ont miraculeusement épargné ses cent derniers mètres. Refuge des marginaux dans les années 1950, elle fut laissée à l'abandon avant de ressusciter depuis quelques années grâce à l'action de l'association Vivre la Rue créée en 1989, dont l'ambition est de faire de cet espace public un lieu de rencontre et de convivialité en favorisant les échanges autour de projets artistiques pluridisciplinaires.

RUE DES AMBASSADEURS

BREST
RUE DE SIAM

À Brest, la rue de Siam se pare d'un parfum d'exotisme. Artère principale de la ville au temps de sa splendeur, cette voie étroite et mal pavée n'en affichait pas moins, du pont de Recouvrance à la porte de Landerneau, boutiques et cafés chics. Au Café de l'Épée ou au restaurant Les Antilles, on pouvait y croiser de fringants marins gantés, toujours avides de relater leurs voyages sur les océans.

La rue doit son nom à l'arrivée à Brest, le 18 juin 1686, de trois ambassadeurs du roi de Siam qui devaient rencontrer Louis XIV à Versailles. Il faut imaginer ces ambassadeurs, fraîchement débarqués des navires l'*Oiseau* et la *Maligne*, et accompagnés de tout leur personnel, descendant la rue en grand apparat. Émerveillés par leurs vêtements chamarrés, leur coiffure et leurs bijoux, les Brestois décidèrent de rebaptiser la rue du nom de cette lointaine contrée.

Le destin de la rue de Siam se confond ensuite avec celui de la ville qui fut, de 1940 à 1944, presque entièrement détruite par les bombardements. Dans son poème *Barbara*, Jacques Prévert l'évoque avec nostalgie pour dénoncer le drame de la guerre. Ces funestes événements valurent à la rue de Siam une reconstruction moderne où pointe une austérité toute militaire. Sept fontaines de granit noir élevées en 1988 la jalonnent. Elles sont dues à l'architecte hongroise Marta Pan qui nous livre ainsi sa réflexion autour des sept péchés capitaux. Si la rue a perdu de son charme d'antan, elle reste cependant un témoin essentiel de l'histoire de cette ville blessée.

ENFER ET DAMNATION

PLOUGASTEL-DAOULAS
GRAND CALVAIRE
PLACE DU CALVAIRE

Le grand calvaire de Plougastel-Daoulas a été édifié de 1602 à 1604 à la suite de la terrible épidémie de peste de 1598. Sa haute croix centrale, dont le fût bosselé évoque les bubons de cette terrible maladie, porte le Christ sous le regard des larrons juchés sur des croix plus petites et de quelque cent quatre-vingts personnages taillés dans le granit. Exceptionnel exemple de ces monuments élevés en Bretagne en témoignage de reconnaissance rendu à Dieu, il constitue un véritable livre d'images à l'usage de fidèles qui, souvent, ne savaient pas lire.

Si certaines scènes retracent avec un émouvant réalisme la vie et la mort du Christ – Nativité, lavement des pieds, entrée à Jérusalem, couronnement d'épines... –, d'autres, en un contraste saisissant, donnent à voir ce qui arrive à celui qui ne se conduit pas en bon chrétien. Ainsi, sur l'un des côtés du calvaire, apparaît une sculpture qui est à rapprocher de l'histoire de Katell Gollet (ou « Catherine perdue »), personnification de la débauche. La légende rapporte que cette belle jeune fille avait de multiples amants qu'elle entraînait dans des danses fatales. Ayant un jour dérobé pour l'un d'eux une hostie, elle fut punie en étant livrée aux supplices de l'enfer. On peut la voir, les jambes tenues par le diable, tentant désespérément d'échapper à la bouche de feu gardée par des démons, qui va l'engloutir.

S'appuyant sur les récits transmis oralement de génération en génération, de telles représentations ne manquaient pas de marquer profondément les esprits.

LE SOLEIL A RENDEZ-VOUS AVEC LA LUNE...

LANDERNEAU
PONT DE ROHAN

Ce pont de pierre, à la croisée des chemins entre Léon et Cornouaille, est l'un des derniers ponts habités d'Europe et l'un des rares à être baigné par la mer qui se mêle ici aux eaux douces de l'Elorn.
Succédant à un simple pont en bois, l'ouvrage a été construit en 1510 par Jean II, vicomte de Rohan, en granit de Kersanton, une pierre réputée durcir au fil du temps. Les six arches du pont accueillaient différents édifices, parmi lesquels un moulin, une pêcherie ou encore une prison, restée célèbre pour ses évasions spectaculaires par plongeon dans la rivière. Parmi les rares rescapées de l'incendie survenu en 1825, la maison Gillart, édifiée en 1639, présente une splendide façade de style Renaissance tout en conservant des éléments d'architecture gothique.
C'est à l'époque de la construction de cette maison que le seigneur de Rohan remplaça le soleil par la lune sur les armoiries de la ville pour complaire à Louis XIV, Roi-Soleil oblige ! Depuis, l'astre a pris ses quartiers sur les murs de Landerneau, souvent désigné comme la cité de la Lune. Les bâtisses du pont de Rohan, construites côté mer en pierre jaune de Lagonna, se parent, à la tombée du jour, de couleurs flamboyantes sous les derniers rayons du soleil, comme une invite à la quiétude dans l'attente du clair de lune : c'est alors au tour des maisons aux grands pans d'ardoise de se refléter dans les eaux de l'Elorn...

AUX PORTES DE L'ENFER

BRENNILIS
LAC SAINT-MICHEL

Des landes tapissées de bruyères ou d'ajoncs sous un ciel qui s'éclaire brusquement avant de s'assombrir, des lames de roches acérées plantées dans le sol, des lacs aux eaux sombres ou miroitantes, voilà ce que sont les monts d'Arrée : un paysage en perpétuelle métamorphose, dont le mystère a nourri de nombreuses légendes. Dans cette contrée sauvage que l'on imagine peuplée de korrigans et d'elfes, où d'insolites reliefs peuvent se muer en silhouettes inquiétantes, la tradition situe l'une des sept portes de l'enfer.

Au cœur des monts d'Arrée, il existe ainsi, au fond du lac Saint-Michel, une vaste tourbière, le Yeun Elez, au centre duquel se trouverait une bourbe mouvante, appelée le Youdig (ou « petite bouillie »), qui donnerait accès à un puits sans fin ; un jour, un homme y aurait été englouti avec sa charrette et son cheval. On dit aussi que, pour se débarrasser d'un revenant, il faut avoir recours à un exorciste qui, après l'avoir transformé en chien noir, le conduit jusqu'à un prêtre. Celui-ci doit ensuite emmener l'animal au bord du Youdig, lui passer prestement son étole blanche autour du cou et le précipiter dans la tourbe bouillonnante. Le prêtre doit se boucher les oreilles et fuir sans se retourner, car un énorme tremblement secoue alors les entrailles du Yeun Elez tandis que des cris horribles déchirent l'air et que se déchaînent des forces surnaturelles.

Les vallons de ce pays réputé pour ses fantastiques couchers de soleil abritent des villages – Brennilis, Brasparts – dont les églises et les calvaires recèlent de petits trésors de sculpture. Représentant la sirène Morgane, un dragon terrassé ou encore l'Ankou, squelette armé d'une faux faisant rouler sur la lande sa charrette dans de sinistres grincements, ces œuvres nous parlent d'un monde empreint de phénomènes obscurs et du combat ancestral entre les vivants et les morts.

ARTHUS ET LA FORÊT ENCHANTÉE

HUELGOAT
FORÊT DOMANIALE

Au cœur de la forêt domaniale de Huelgoat, le chemin qui longe la rivière d'Argent, en serpentant depuis le lac créé au XVIe siècle, a des allures de petit paradis terrestre. De part et d'autre, le parcours – tantôt sauvage, tantôt paisible – ménage bien des surprises.

Par le moulin du Chaos, vieille bâtisse construite en 1339, on accède à un site magnifique qui révèle, par son nom même, une histoire géologique agitée. Ces rochers, entassés les uns sur les autres en un équilibre instable, sont issus des profondeurs de la terre et témoignent du passé volcanique de la région. Durant des millions d'années, ils ont été érodés, ravinés, polis par les eaux de pluie, ce qui leur a donné des tailles et des formes variées.

Pétri de légendes, ce prodigieux amas granitique a de tout temps nourri d'étonnants récits. Pour certains, il résulterait d'une querelle entre les habitants de Plouyé et ceux de Berrien qui se seraient servi de ces pierres comme autant de projectiles. Pour d'autres, il s'agirait d'un « petit cadeau » de Gargantua voulant remercier les habitants de Huelgoat de lui avoir servi une mauvaise bouillie de blé noir.

Si la grotte du Diable est un gouffre menaçant aux eaux sans cesse grondantes, celle appelée le Ménage de la Vierge évoque, avec sa forme de chaudron, de louche ou de soufflet selon qui la regarde, la douceur du foyer.

Non loin de là se trouve la roche Tremblante qui pèse plus de 100 tonnes pour 7 mètres de long. D'aucuns disent qu'en lui appliquant une forte poussée au bon endroit, on pourrait la faire osciller...

Le chemin bifurque et donne sur le sentier des Amoureux. Traversant une forêt de chênes et de hêtres, celui-ci permet d'atteindre le camp d'Arthus, un remarquable oppidum constitué de deux enceintes, qui servit de refuge à la tribu gauloise des Osimes. Bercé par le doux clapotis de l'eau omniprésente, on progresse en ces lieux comme sous l'emprise d'un sortilège.

LES VIVANTS ET LES MORTS

PLEYBEN
ENCLOS PAROISSIAL

Aux XVIe et XVIIe siècles, la Bretagne connaît une période de prospérité et le sentiment religieux y est très fort. Chaque commune multiplie les signes extérieurs de richesse à la gloire de Dieu et édifie au centre du bourg un lieu sacré dédié au culte, appelé « enclos paroissial ». Celui de Pleyben est sans conteste l'un des plus exceptionnels de Bretagne.
Il s'ouvre par un arc de triomphe monumental surmonté d'un calvaire réalisé à partir de 1555 et relatant la vie du Christ au travers d'une trentaine de scènes ; l'une d'elles, sculptée sur la corniche intermédiaire, est une très émouvante représentation de la Cène.
Sur la droite de l'enclos se trouve l'ossuaire de style gothique flamboyant datant de 1550. Il est d'un grand raffinement, comme en témoigne la porte centrale en anse de panier encadrée de trois baies géminées surmontées d'accolades décorées. Converti en chapelle funéraire, il connut un destin mouvementé, faisant office de lieu de vaccination pour les conscrits en 1850 avant d'abriter une école, un bureau de poste, une annexe de mairie et, enfin, un petit musée.
Construite dans un singulier mélange de styles, l'église Saint-Germain a fière allure avec ses deux clochers : l'un est une tour Renaissance couronnée d'un dôme à lanternons cantonné de quatre autres petits dômes, l'autre est de type gothique cornouaillais.
Au niveau du chevet extérieur, on aperçoit une danse macabre où apparaît l'Ankou, entouré d'individus de toutes classes sociales.
À l'intérieur de l'église, une somptueuse corniche en bois sculpté datée de 1571 fait tout le tour de la nef, mettant en scène des personnages tantôt sérieux, tantôt burlesques, inspirés ou non de la tradition liturgique : ange, évêque, joueur de biniou, cadavre dans son cercueil… En une ronde animée, animaux, hommes, femmes, citadins et paysans donnent à voir l'éternel manège de la vie. De belles statues de saints, comme celle d'Yves entre le pauvre et le riche, les éclatants vitraux, les retables ainsi que le magnifique buffet d'orgue de 1688 complètent l'époustouflante richesse de cet ensemble.

AU PARADIS DES MOINES

LANDÉVENNEC
RUINES DE L'ANCIENNE ABBAYE
Tél. 02 98 27 35 90
www.musee-abbaye-landevennec.fr
Ouvert toute l'année. Horaires variables selon la saison

L'ancienne abbaye bénédictine de Landévennec fut fondée à la fin du Ve siècle par saint Guénolé sur des terres offertes par Gradlon le Grand, roi de Cornouaille. C'est la plus ancienne des abbayes bretonnes. Étant devenue à l'époque carolingienne le centre d'une intense vie spirituelle dont le rayonnement s'étendait bien au-delà de la Bretagne, elle fut par la suite souvent attaquée, pillée, brûlée, puis restaurée par les moines avant d'être définitivement abandonnée sous la Révolution.
Les principaux vestiges exhumés par les fouilles datent du milieu du Xe siècle, mais les arcades ornant le mur de la façade sont sans doute plus anciennes. Ces vestiges donnent à voir un plan en forme de croix latine pourvu de chapelles ayant abrité les tombeaux de saint Guénolé et de Gradlon, une nef de six travées avec bas-côtés et un cloître. Les colonnes sont animées de personnages sculptés en position assise, la tête en bas ou les bras levés, ainsi que d'animaux, béliers notamment. Leur décor de volutes, roues, petites croix et entrelacs rappelle les origines celtiques de saint Guénolé, dont les parents seraient partis de Grande-Bretagne pour s'établir en Armorique.
Située entre mer et rivière, au fond de la rade de Brest où elle s'abrite des vents, l'abbaye de Landévennec jouit d'un climat très doux : palmiers et mimosas y poussent autour des vénérables ruines, témoins des débuts du monachisme.

GRADLON
SAUVÉ DES EAUX

ARGOL
STATUE DE GRADLON
PLACE DE L'ÉGLISE

Selon la légende, Gradlon le Grand, roi de Cornouaille, s'enfuit de la ville d'Ys submergée par les flots pour rejoindre Quimper qui allait devenir la capitale de son nouveau royaume. Traversa-t-il le village d'Argol, situé à l'entrée de la presqu'île de Crozon ? En tout cas, la petite commune du Finistère a le privilège de posséder deux ensembles sculptés datant du XVe siècle qui rappellent l'odyssée de ce roi mythique. Le premier le représente sur son cheval et est visible au centre du fronton du monumental arc de triomphe ouvrant sur l'enclos paroissial. Le second, que l'on découvre près de l'église, est une œuvre de 3 mètres de long taillée dans le granit. Sur chacune de ses faces est évoquée, de façon différente, la légende de la ville d'Ys, que la tradition situe au large de Douarnenez. On y voit, d'une part, Dahut, la fille de Gradlon, galoper au sommet des vagues avec son fils sur le cheval magique Morvarc'h tandis que son père lui ordonne de rester près de lui. C'est le récit païen de la fuite. L'autre face, inspirée d'un tableau du peintre Luminais exposé au musée des Beaux-Arts de Quimper, met en scène le récit chrétien. Sur son cheval, Gradlon quitte Ys et traverse les flots guidé par saint Corentin, évêque de Quimper, représenté sous la forme d'une flèche de cathédrale, le roi tenant sous son bras le trésor de la ville engloutie. Dahut, qui a été jetée à l'eau par son père, se change en sirène. Dans cette version, la ville d'Ys est punie de s'être livrée à la débauche. Dahut est une pécheresse ayant ouvert les écluses protégeant la ville des eaux à la demande d'un jeune homme – qui n'était autre qu'un démon. Le roi et sa fille sont alors contraints de fuir, mais saint Corentin exige de Gradlon qu'il se sépare de Dahut afin de calmer la mer en furie et de leur assurer la vie sauve.

MORT ANGLAISE AU FORT VAUBAN

CAMARET-SUR-MER
TOUR VAUBAN
AU BOUT DE LA DIGUE

Sur un banc de sable et de galets appelé le Sillon, à l'entrée du port de Camaret, se dresse la tour Vauban, haute de 18 mètres. Le ton ocre-orangé de son revêtement fait de brique pilée lui valut, en son temps, le nom de tour Dorée.
Édifiée dès 1693 sur les plans de Vauban, chargé par Louis XIV de protéger l'accès stratégique à la rade de Brest, la tour devait être dotée d'un fossé, d'un pont-levis, d'une enceinte pourvue de deux corps de garde et de onze canons. Les créneaux pour les mousquets de sa façade permettaient une défense rapprochée. En sous-sol, un magasin pour les vivres et la poudre pouvait accueillir plus de cent hommes.
Mais, alors que les corps de garde n'étaient pas encore achevés et que seuls neuf canons étaient installés, ce « fort à la mer à batterie basse et tour de gorge » dut faire face, le 18 juin 1694, à l'assaut des vaisseaux anglo-hollandais, dont l'objectif final était la prise de Brest. Vauban ayant pris la tête des opérations, la tour fit néanmoins la preuve de son efficacité en repoussant brillamment la flotte ennemie. Le rocher dit Mort anglaise porte le souvenir de cette bataille, car c'est à cet endroit que fut tué le lieutenant général Talmack qui commandait les troupes anglaises.
Classée au patrimoine mondial de l'Unesco et restaurée, la tour Vauban a pu retrouver sa couleur d'origine grâce à des briques du XVIe siècle, dénichées au terme d'une véritable enquête sur les ruines d'une demeure en Mayenne !

LA CROIX… ET LES BANNIÈRES

LOCRONAN
BANNIÈRES PAROISSIALES ET TROMÉNIES
ÉGLISE SAINT-RONAN

Fondée selon la légende par saint Ronan, un moine irlandais venu en Cornouaille au VIe siècle, Locronan cultive avec art un passé prestigieux. L'exceptionnel patrimoine architectural de la ville provient du négoce de la toile à voile qui, aux XVIe et XVIIe siècles, en assura la prospérité. En témoignent les ruelles aux maisons Renaissance en granit et la place centrale où s'élève l'imposante église Saint-Ronan conservant dans sa nef de splendides bannières.
Richement ornées et colorées, ces bannières à l'effigie de saint Ronan, saint Eutrope ou Notre-Dame-de-Bonne-Nouvelle sont l'emblème de plusieurs paroisses.

Dans un fort esprit de compétition, chacune fait toujours en sorte de réaliser la plus grande et la plus belle, dans une débauche de broderies de fils de soie, d'or et d'argent. À Locronan, en juillet, les fidèles partent en procession lors de pardons appelés « troménies », en arborant fièrement leurs précieuses bannières. Impressionnants cortèges, ces troménies sont aussi l'occasion pour les gens du pays de revêtir leurs plus beaux costumes traditionnels.
La « petite troménie » de Locronan se déroule chaque année sur un parcours de 4,5 kilomètres qui mène les pèlerins en haut de la montagne, reproduisant ainsi le trajet qu'aurait effectué chaque matin saint Ronan,

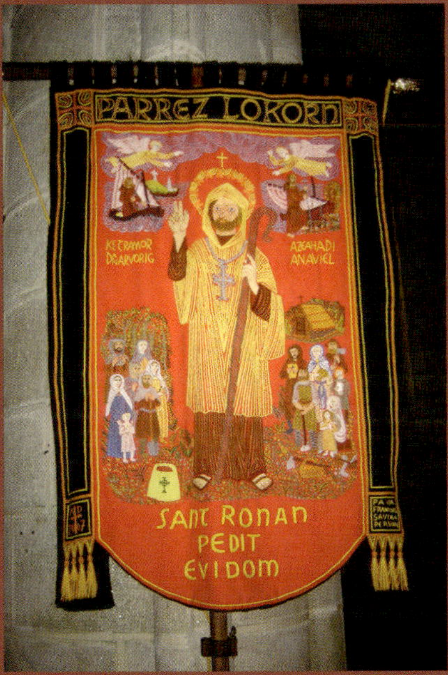

à jeun et pieds nus. La « grande troménie » a lieu tous les six ans : cette fois, le parcours comporte 12 kilomètres autour de la montagne, ponctué de douze stations où les statues des saints patrons et leurs reliques sont exposées durant une semaine. Expression d'une incroyable ferveur religieuse, ces pèlerinages sont censés garantir à celui qui les accomplit l'entrée au paradis. En revanche, malheur à la personne qui s'y déroberait : une fois morte, elle serait contrainte d'y prendre part en progressant chaque jour d'une distance équivalente à la longueur de son cercueil...

Une vie de saint

LOCRONAN
CHAIRE À PRÊCHER
Église Saint-Ronan

Magnifique œuvre réalisée en 1707 par le menuisier Louis Bariou et le sculpteur Guillaume Le Poupon, la chaire à prêcher de l'église Saint-Ronan présente neuf médaillons ornés d'un cadre doré.
Ils retracent la vie de ce saint irlandais, ermite fondateur de Locronan qui en a fait l'objet d'une vénération sans limite. Remarquablement mises en couleur, ces neuf petites scènes d'une très fine facture et travaillées comme des bas-reliefs semblent inspirées par la pureté spirituelle que l'on prêtait à saint Ronan.

LA GRANDE ÉPOPÉE DE LA SARDINE

DOUARNENEZ
QUARTIER DU ROSMEUR

Certaines inventions façonnent le destin d'une ville et en modifient profondément la physionomie. Il en est ainsi de Douarnenez, à l'histoire intimement liée à la boîte de conserve, invention qui, au milieu du XIXe siècle, allait permettre d'exploiter les bancs de sardines au large des côtes. Le quartier du Rosmeur, véritable labyrinthe de venelles pavées menant au port, renferme toujours l'âme de ces pêcheurs et paysans venus en masse participer à cette grande épopée. On peut y voir les anciens bistrots qui leur servaient de points de ralliement, ainsi que les maisons aux façades colorées qui les hébergeaient par familles entières. Car c'était en famille que l'on y travaillait : tel père pêcheur faisait engager son fils comme mousse sur un bateau tandis que mère et fille devenaient ouvrières dans les nombreuses conserveries de la ville. De nos jours, seules trois d'entre elles sont encore en activité, mais on en comptait plus de quarante en 1880. Sur les quais du Rosmeur, le modeste « abri du marin » et l'immeuble pimpant à l'enseigne du Capitaine Cook sont les témoins de cette évolution industrielle qui allait déboucher, au début du XXe siècle, sur les luttes sociales opposant les patrons aux ouvrières dont les conditions de travail dans les conserveries étaient très pénibles. Ainsi, la grève du 20 novembre 1924, déclenchée par les ouvrières de l'usine Carnaud et qui dura quarante-huit jours, eut-elle un retentissement national. Les *penn sardin*, comme on les appelait, fortement mobilisées et unies dans leurs revendications, finirent par avoir gain de cause. Dans ce quartier qui a conservé l'atmosphère de l'époque, on ne manquera pas de faire l'achat d'une de ces boîtes, prélude, peut-être, à une collection.

UN BATEAU FANTÔME AU MUSÉE

DOUARNENEZ
PORT-MUSÉE
PLACE DE L'ENFER
Tél. 02 98 92 65 20 / www.port-musee.org
Ouvert d'avril à octobre. Horaires variables selon la saison

À Douarnenez, le port-musée présente depuis 1989 des navires qui ont voyagé aux quatre coins du monde. Langoustiers, remorqueurs, chalutiers, caboteurs et autres chaloupes, ils ne sont pas moins de deux cent cinquante à passer une retraite heureuse, bien loin des dangers des côtes africaines ou des mers australes. Depuis les quais noyés dans la verdure, une coque écarlate attire immanquablement le regard. C'est celle du *Scarweather*, un bateau-phare, également appelé « bateau-feu », construit en 1947 en Grande-Bretagne. Long de 42,5 mètres et dépourvu de moteur, il était ancré au large de Bristol, ville du pays de Galles, et guidait les bateaux naviguant sur les redoutables bancs sableux des hauts-fonds de la baie de Swansea. Tout en acier riveté, il a fière allure avec sa lanterne d'une portée de 12 milles marins (plus de 22 kilomètres) installée au sommet d'un solide mât tubulaire, sa vaste plate-forme arrière pouvant accueillir un hélicoptère, son revêtement rouge vermillon et les petits rideaux assortis de sa cabine.
Désormais amarré à son port d'attache définitif, il se laisse contempler et choyer comme un grand jouet précieux. La structure de ce navire, pièce phare du port-musée, va faire l'objet dans les prochaines années d'une rénovation complète, ce qui lui permettra, en recevant des visiteurs, de ne plus être un bateau fantôme.

LA MER
EST SI GRANDE

CLÉDEN-CAP-SIZUN
CHAPELLE SAINT-THEY
POINTE DU VAN

Surplombant les vertigineuses falaises de la pointe du Van qui forme avec la pointe du Raz le massif du cap Sizun, l'inattendue chapelle Saint-They, élevée au XVIe siècle puis reconstruite entre 1612 et 1674, évoque de manière émouvante la présence de l'homme sur ces landes battues par les vents, fin de terre mythique façonnée par la lutte perpétuelle de la mer et de la terre qui l'habillent régulièrement d'atmosphères dantesques de fin du monde.
La légende raconte que son saint patron grimpait en personne les escaliers de granit desservant le clocher lorsqu'il apercevait une embarcation en danger sur l'immensité maritime avec, au loin, l'île de Sein. Posé sur les flots, cet écrin de terre ne se livre qu'au prix du franchissement du raz et de sa chaussée, véritable barrière maritime qui sépare l'île de la pointe du Raz signalée par la tour carrée du phare de la Vieille. Ce franchissement était tant redouté des marins qu'ils s'exclamaient : « Grand Dieu, secourez-moi au passage du raz, car mon bateau est si petit et la mer est si grande. »
Un couplet d'un vieux cantique breton exprime merveilleusement le souhait de voir éternellement la chapelle défier les éléments : « Que demeure encore longtemps debout la petite chapelle au bord de la mer afin que puisse saint They depuis sa porte voir les bateaux passer. » La chapelle Saint-They tient formidablement son rôle de figure de proue bâtie sur l'étrave de la pointe du Van.

EMBARQUEMENT POUR L'AUTRE MONDE

PLOGOFF ET CLÉDEN-CAP-SIZUN
BAIE DES TRÉPASSÉS

Enserrée entre les falaises de la pointe du Raz et celles de la pointe du Van, la baie des Trépassés déroule, face au splendide panorama de l'île de Sein, sa longue plage de sable fin et de galets. Mais la belle a mauvaise réputation et la simple évocation de son nom suffit à déclencher un effroi dont les légendes se sont fait l'écho. La baie des Trépassés, sur laquelle venaient autrefois s'échouer les corps de naufragés, représente pour les Bretons le point de départ vers l'autre monde.
C'est sur ce mystérieux continent situé au-delà des mers et appelé l'Île lointaine, l'île d'Avallon ou le palais de Cristal qu'un passeur déchargerait les âmes transportées dans sa barque. Cette baie serait aussi le lieu où tous les noyés se réunissent le 2 novembre sous la protection de l'Église. Toutes les nuits de ce « mois noir », on entend, paraît-il, le murmure de ces âmes damnées errant au-dessus des flots tandis que s'avancent à la surface de la mer des créatures nommées « crieurs », dont les cirés sont ruisselants d'embruns. Sur la lande battue par les vents qui s'étend de part et d'autre de la baie, des chapelles accueillent les longs cortèges des trépassés pour lesquels les Bretons disent de ferventes prières.
Noyée dans la brume à la morte saison, la baie des Trépassés, dite aussi « Enfer froid », est au cœur des croyances bretonnes liées à la mort. Il s'en dégage une atmosphère envoûtante qui, ajoutée au son mélancolique de la corne de brume des phares voisins, a fait écrire à l'écrivain Anatole Le Braz dans son recueil *Impressions de Bretagne* : « Rien ne saurait rendre l'impression d'infinie solitude, de veuvage, de néant que donne l'hiver cette baie des âmes. »

MOUILLAGE DE POCHE

PLOGOFF
PORT DE BESTRÉE

Accessible par la route depuis le hameau de Lescoff et par le sentier côtier partant de la pointe du Raz, le minuscule port de Bestrée se découvre au débouché de la lande, lové au pied d'une falaise. La mer a dessiné ici une côte de toute beauté, mais déchiquetée et sauvage, soumise à des tempêtes quasi permanentes, où l'homme tente de se maintenir avec des moyens qui paraissent dérisoires face à la puissance de l'élément marin. Mais force est de constater qu'il y parvient. La preuve en est ce petit port, aménagé à l'abri de deux digues reliant des enrochements naturels et où mouillent de petits bateaux colorés servant à la pêche au homard et au tourteau. Les crustacés sont piégés dans des casiers reposant au fond de l'eau et dont l'emplacement est signalé par des bouées rouges, blanches ou jaunes. Pour descendre à ce mouillage de poche, il faut emprunter un escalier construit à même la paroi rocheuse et parallèle à la rampe de mise à l'eau des embarcations, impressionnant de déclivité. Dans cette contrée du bout du monde, où les seuls habitants permanents sont les mouettes et les goélands, le port de Bestrée est aussi un abri pour les plaisanciers de passage, un havre inespéré et miraculeux, qui continue de résister, jour après jour, à un environnement particulièrement inhospitalier.

DANS LE SECRET DES PIERRES

PLOVAN
CHAPELLE DE LANGUIDOU
À 1,5 KM DU CENTRE-BOURG

De la chapelle de Languidou, située sur la commune de Plovan, ne subsiste que des vestiges. Ceux-ci sont cependant suffisamment remarquables pour donner une idée du courant fécond représenté par l'école architecturale de Pont-Croix qui essaima dans la région entre le XIIe et le XIVe siècle.
Édifiée vers 1160 par Auffray Le Guirriec et dédiée à saint Kido, la chapelle de Languidou est considérée comme la première réalisation de cette école qui s'inspira à la fois de l'art roman et du gothique anglo-normand. Remaniée au XVe siècle, elle fut ensuite vendue sous la Révolution avant que ses pierres et ses ardoises ne soient utilisées pour la construction d'un corps de garde en bord de mer. Abritées dans un enclos, ses ruines se composent d'une nef à quatre travées, dont les piliers supportent des chapiteaux sculptés. À l'extrémité de cet ensemble, on ne peut manquer de remarquer une grande rosace ajourée. Étonnant et merveilleux élément décoratif, bijou de grâce et d'audace que cette dentelle de pierre datant du XVe siècle qui semble suspendue dans l'espace.
Au crépuscule, quand le soleil déclinant fait s'embraser le beau granit gris moucheté de lichens, le site se fait enchanteur.
La magie rejoint alors la beauté dans le secret des pierres de Languidou.

GRANIT GOTHIQUE

PONT-CROIX
COLLÉGIALE NOTRE-DAME-DE-ROSCUDON

Fleuron de la cité de Pont-Croix, la collégiale Notre-Dame-de-Roscudon fut construite à partir de 1240. Le visiteur est d'emblée frappé par l'élégance de sa flèche du XVe siècle qui, prolongeant la tour romane, culmine à 67 mètres de hauteur. Elle a servi de modèle pour la réalisation, au XIXe siècle, des flèches de la cathédrale Saint-Corentin à Quimper.
Le porche méridional de Notre-Dame-de-Roscudon est un pur chef-d'œuvre du gothique flamboyant. Réalisé à la fin du XIVe siècle à la demande de Jean Ier de Rosmadec, il est surmonté d'un gâble finement sculpté de rosaces en pierre et entouré de deux autres petits gâbles ajourés. Ses arcs en plein cintre sont supportés par de splendides chapiteaux.
À l'intérieur, la nef à huit travées, dont les piliers sont cantonnés de quatre ou huit colonnettes dans les tons jaune-orangé, illustre à merveille le courant architectural de l'école de Pont-Croix, qui associe le style roman tardif au gothique anglais naissant. Avec son rebord en pierre creusé par les mains de tous les fidèles qui l'ont touché, le bénitier offre une image émouvante, de même que la splendide cuve en granit des fonds baptismaux dont l'eau était chauffée grâce à une cheminée que l'on devine par les traces qu'elle a laissées sur la paroi.
La Cène en bois doré d'inspiration flamande qui se trouve dans l'abside, les somptueux vitraux des XVe et XXe siècles, ainsi que le riche mobilier et les très expressives statues des bas-côtés contribuent encore à rendre cette collégiale remarquable.

L'écho des rues

PONT-CROIX
PETITE-RUE-CHÈRE
ET GRANDE-RUE-CHÈRE

Bordées de vénérables maisons aux linteaux ornés de superbes cartouches, la Petite-Rue-Chère et la Grande-Rue-Chère étaient à l'origine les axes de circulation privilégiés de la petite cité devenue au XVe siècle propriété des puissants seigneurs de Rosmadec. Leurs pavés disjoints entre lesquels prospère une foisonnante végétation résonnent encore du tumulte des guerres de la Ligue et des ravages de Guy Eder La Fontenelle, chef de bande local, qui massacra bourgeois et marchands au XVIe siècle. Ces rues, dont le centre incurvé permet de canaliser l'écoulement des eaux, dévalent la pente vers la rivière jusqu'au pont de Kéridreuff où s'appuie un ancien moulin à marée.

UNE CHAPELLE DANS LA TOURMENTE

PLOMEUR
CHAPELLE NOTRE-DAME-DE-TRÉMINOU
ROUTE DE PONT-L'ABBÉ

Nichée dans un bocage champêtre, la chapelle Notre-Dame-de-Tréminou, construite au XIIIe siècle, est un petit bijou de grâce et d'originalité. Qui pourrait imaginer qu'elle fut le théâtre, à la fin du XVIIe siècle, d'un épisode mouvementé de l'histoire bretonne ?
À l'intérieur, tout n'est que calme et beauté. Par les splendides vitraux pénètre une douce lumière tamisée qui sublime les arcades plein cintre de la grande nef aux six travées. De belles statues ponctuent cet espace : saint Herbot, saint Roch montrant sa plaie, sainte Marguerite accompagnée d'un dragon tout inoffensif, ainsi que Notre-Dame-de-Tréminou tenant dans sa main une pomme de pin, symbole de fécondité. Les extrémités des poutres sont décorées de têtes de crocodiles et de dragons. Des visages d'hommes et de femmes ainsi que des grappes de raisin en bois sculpté forment une étonnante frise polychrome.

En 1675, cette chapelle fut l'un des hauts lieux de la révolte des Bonnets rouges, un vaste mouvement composé de paysans exaspérés par l'accroissement des taxes imposées par les seigneurs sous le règne de Louis XIV dans un pays alors en guerre contre la Hollande. Ce soulèvement, souvent conduit par des femmes, aboutit à l'élaboration de Codes paysans : le plus célèbre

d'entre eux appelé « Règlement des 14 paroisses » fut promulgué du haut de la chaire extérieure en pierre, puis affiché et lu dans la chapelle. Dans ce texte, les Bonnets rouges réclamaient la suppression des impôts abusifs ainsi que leur représentation aux États provinciaux. La répression ne se fit pas attendre : menée par le duc de Chaulnes, gouverneur de Bretagne et surnommé le « gros cochon », elle fut terrible. Les villes et villages de la région virent s'élever des potences par centaines, les clochers des églises furent décapités. Aujourd'hui, rien ne vient ici rappeler ce passé de bruit et de fureur, si ce n'est la chaire elle-même surmontée de sa croix.

LE PARADIS
DE LA MARQUISE

PENMARC'H
PHARE D'ECKMÜHL

Situé aux abords de la pointe de Penmarc'h, le phare d'Eckmühl sécurise l'une des côtes les plus dangereuses de France en raison de ses nombreux récifs. Il fut érigé à partir de 1893 grâce à un don de 300 000 francs fait par la marquise Adélaïde-Louise d'Eckmühl de Blocqueville en souvenir de son père, Louis Nicolas Davout, duc d'Auerstaedt, prince d'Eckmühl. Maréchal de France, celui-ci avait servi en 1809 sous les ordres de Napoléon lors de la bataille d'Eckmühl en Bavière. La marquise pensait qu'en aidant à financer la construction d'un phare qui pourrait sauver des vies, elle rachèterait les morts des guerres qu'elle honnissait.
Inauguré le 7 octobre 1897 au son d'un biniou jouant *La Marseillaise*, cet édifice en granit de Kersanton, dont la portée atteint 23,5 milles marins [environ 43 kilomètres], est l'un des plus puissants de France.
Sa tour, qui s'élance à 65 mètres de hauteur depuis une vaste cour, est surmontée d'une tourelle, elle-même coiffée d'une élégante lanterne blanche. De plan octogonal à l'extérieur et cylindrique à l'intérieur, elle bénéficie d'une exceptionnelle finition. La paroi intérieure de la tour, au centre de laquelle s'élève un escalier en colimaçon pourvu d'une rampe en bronze, est tapissée de plaques d'opaline d'un blanc laiteux auxquelles la lumière provenant des fenêtres donne de magnifiques reflets irisés.
Vu de l'escalier à la spirale vertigineuse, l'ensemble fait penser à un gigantesque coquillage. Il faut s'armer de courage pour gravir les trois cent sept marches de ce « paradis » des gardiens de phare – préféré aux « enfers » de pleine mer… –, mais là-haut, la vue sur le pays bigouden et le littoral rocheux est grandiose.
Secondée par la présence de deux autres tours, la tour de l'ancien phare, servant désormais d'amer, et celle du sémaphore, le phare d'Eckmühl continue à éclairer la mer et ses dangers, fidèle au vœu de la marquise qui voulait léguer le nom de son père à la postérité.

« DIEU, FAMILLE, DEVOIR DE LA MER »

LE GUILVINEC
ABRI DU MARIN
RUE JACQUES-DE-THÉZAC
Tél. 02 98 58 95 13
Médiathèque ouverte tous les jours sauf les lundi et jeudi, les samedi et dimanche après-midi

Au Guilvinec, un bâtiment blanc aux volets bleus attire le promeneur. Il s'agit du premier abri construit en 1900 sur le littoral breton par un photographe et ethnologue passionné par l'univers des gens de mer, Jacques de Thézac, dont le nom apparaît sur le linteau au-dessus de la porte. Témoin de la misère dans laquelle vivaient les marins s'entassant par familles entières dans des logements insalubres, ce qui entraînait maladies et alcoolisme, ce catholique social décida de créer une œuvre humanitaire qui devait transformer leur existence. Fournir aux marins sans distinction de grade des maisons où ils puissent non seulement se reposer, se restaurer et se faire soigner, mais aussi s'instruire, tel était son objectif. Divers cours – hygiène, radiotélégraphie, lecture de cartes marines… – y étaient dispensés tandis qu'une bibliothèque et des ateliers étaient censés occuper ces hommes parfois désœuvrés et les détourner du bistrot et autres lieux de dépravation. De Roscoff à Belle-Île-en-Mer, quinze abris tous identiques verront ainsi le jour et seront reconnus d'utilité publique en 1920.
Si l'"abri du marin" du Guilvinec, ouvert jusqu'en 1985, est devenu une médiathèque, les éléments essentiels de son architecture ont été préservés et son mobilier d'origine restauré. Des objets, des photos et des cartes évoquent le quotidien de ses anciens pensionnaires. La médiathèque possède aussi un remarquable fonds documentaire. Apposées sur la façade de l'abri, les phrases « Dieu, famille, devoir de la mer », « Aimez-vous les uns les autres » – la dernière étant tirée de l'Évangile de Jean – résument bien la philosophie du philanthrope, également fondateur de *L'Almanach du marin breton*.

LA VIE EN BLEU

**QUIMPER
CENTRE ANCIEN**

Abri et lieu de passage implanté au fond d'une ria à la confluence (*kemper* en breton) de l'Odet et du Steir, Quimper resplendit de bleu, sa couleur dominante qui se décline à travers la ville sur les façades à pans de bois en une large palette. Emblématique de cette cité épiscopale et ducale, le bleu s'appelle ici *glazik* (ou « petit bleu »). Il se retrouve encore sur le costume traditionnel porté par les hommes, principalement composé d'un gilet de drap. Cette tenue a évolué au cours du temps : entièrement bleue au début du XIXe siècle, elle s'est peu à peu enrichie de velours et de broderies sous l'effet de la mode et en fonction du niveau de richesse de celui qui la portait. Elle permettait ainsi d'en reconnaître le rang social.

À l'origine, l'engouement des Quimpérois pour le bleu eut un motif économique : après les guerres de l'empire, les stocks de tissu militaire devenus inutiles furent récupérés auprès des armées napoléoniennes et réutilisés pour la confection de vêtements.
Des négociants, qui allaient à Brest les acheter pour les revendre sur les marchés des villes et des campagnes, furent ainsi les initiateurs d'un mouvement rapidement suivi par toute une région.
Si le surnom de *glazik* fut d'abord donné aux habitants de ce terroir par leurs voisins, il désigne désormais la portion de Cornouaille située autour de Quimper, ainsi qu'une communauté de communes.

VOX POPULI

QUIMPER
STATUE DE SANTIG DU
CATHÉDRALE SAINT-CORENTIN

Si d'aventure vous demandez où se trouve, dans Quimper, le fameux Jean Discalceat, dit « le Déchaussé » ou « Jean sans sabots », ne soyez pas surpris qu'on vous indique la direction de la cathédrale Saint-Corentin. C'est là, en effet, que se tient la statue de *Santig Du*, le « Saint noir ». Petite par la taille mais grande par la place qu'elle occupe dans le cœur des Quimpérois, la statue fait l'objet d'un véritable culte.
L'histoire de ce moine particulièrement altruiste est édifiante. Issu d'une famille modeste du Léon, Jean Discalceat intégra, en 1316, l'ordre franciscain au couvent des Cordeliers de Quimper. Vêtu d'une longue toile grise et marchant pieds nus, il ne cessa, durant la première moitié du XIVe siècle, de vouer sa vie aux autres, cherchant à soulager aussi bien les maux du corps que ceux de l'âme. Pratiquant assidûment le jeûne et partageant ses maigres revenus avec les plus nécessiteux, il porta secours sans relâche à la population lors de la guerre de succession de Bretagne. Et, lorsque la ville fut assiégée par l'armée de Charles de Blois en 1344, il organisa efficacement l'aumône afin de lutter contre la famine. Quand la peste noire après avoir fait son apparition en Europe gagna la péninsule

armoricaine, il assista la population avec un grand dévouement, lavant et soignant les malades, puis ensevelissant les morts. En 1349, il est emporté par la peste. Spécialement aimé et honoré, ce saint homme continue, plus de six cents ans après sa mort, à dispenser ses bienfaits à la communauté : sous sa statue se trouve une plaquette de bois sur laquelle sont déposés, en son nom, du pain et autres denrées destinés à nourrir les personnes dans le besoin.

EAU CHAUDE À TOUS LES ÉTAGES

SAINT-GOAZEC
DOMAINE DE TRÉVAREZ
Tél. 02 98 26 82 79
www.trevarez.com
Fermé de mi-janvier à fin février. Horaires variables selon la saison

Bâti sur les flancs de la Montagne Noire, le château néogothique de Trévarez est un petit bijou d'architecture. Il fut construit entre 1893 et 1907 par James de Kerjégu sur le domaine d'une ancienne seigneurie du XVe siècle. Homme politique issu d'une riche famille de négociants, James de Kerjégu entendait en faire l'emblème de son prestige social et, à ce titre, le dota de toutes les avancées techniques du début du XXe siècle.
Ayant fait appel à Hippolyte Destailleurs, disciple de Viollet-le-Duc et architecte en vogue, l'entreprenant James de Kerjégu fit installer dans sa demeure une structure métallique semblable à celle de la tour Eiffel pour la charpente, un chauffage central par canalisations d'eau chaude, un ascenseur, des salles de bains et autres sanitaires, ainsi que l'électricité. Enfin, il la fit décorer dans le style Art nouveau, ce qui lui donne son cachet unique. Mais le nouveau châtelain n'assistera pas à l'achèvement de son œuvre, car il décédera en 1908.
Réquisitionné par les Allemands pendant la Seconde Guerre mondiale puis bombardé par la Royal Air Force, le château fut ensuite laissé à l'abandon. En 1968, le conseil général du Finistère l'acheta pour le réhabiliter.
Les jardins agrémentés de plans d'eau et de cascades ont aussi, pour la plupart, été recréés et enrichis de plantes qui font la réputation de Trévarez. Camélias, hydrangéas, azalées... forment un remarquable écrin de couleurs d'où émerge, comme une friandise dans sa parure rose, le somptueux édifice.

UN PARDON QUI COMPTE... POUR DU BEURRE !

SPÉZET
PARDON DU BEURRE
CHAPELLE DE NOTRE-DAME-DU-KRANN

Située sur le versant nord de la Montagne Noire, Spézet est une riante et verdoyante commune du Poher, aux maisons colorées et aux boutiques surmontées d'enseignes en langue bretonne. Mais les lieux sont surtout célèbres pour leur chapelle Notre-Dame-du-Krann, ses magnifiques vitraux datant du XVIe siècle et ses retables de bois animés par plus de deux cents personnages sculptés. Cet ensemble rare est d'autant plus surprenant qu'il se découvre chaque année à l'occasion d'un pardon d'un genre très particulier... Cette manifestation qui se déroule le premier dimanche suivant la Pentecôte, jour de la Trinité, perpétue une tradition ancestrale, à la fois religieuse et gourmande, puisqu'elle consacre l'allié fidèle de toute table bretonne... le beurre ! Portant des bannières paroissiales, des statues et autres reliques, un cortège se dirige vers le centre du sanctuaire où est exposée une motte de beurre géante. Celle-ci a été, dès le vendredi, préparée et décorée de motifs profanes et religieux par des femmes dont le savoir-faire s'est transmis de génération en génération. Jusqu'en 1980, la tradition voulait que l'on confectionne trois mottes de près de 60 kilos, chacune correspondant à un quartier de la ville. Trois femmes mariées et trois jeunes filles allaient collecter, de ferme en ferme, le beurre fraîchement baraté. L'argent issu de la vente de ce beurre, ajouté à d'autres dons, a ainsi servi à la conservation de l'édifice. Mais qu'on ne s'y trompe pas : au travers de cette offrande du beurre, il s'agit bien de rendre hommage à la Vierge, symbole par excellence de la fécondité.

DE CHAUME
ET DE GRANIT

NÉVEZ
VILLAGE DE KERASCOËT
Visites guidées organisées par l'office de tourisme
Tél. 02 98 06 87 90 / www.nevez.com

Situées à proximité de la plage de Rospico, les chaumières du village de Kerascoët, datant du XVIe siècle, ont conservé le charme du passé. Si elles se signalent toutes d'emblée par leurs splendides toits de chaume, certaines d'entre elles présentent, en outre, une particularité architecturale, le *mein zao* (ou « pierres debout »), qui ne se retrouve dans aucune autre région française.
Ces chaumières ont été construites à l'aide de plaques rectangulaires extraites de gisements de granit affleurant à la surface du sol. Fichées dans une tranchée à une certaine profondeur, jointoyées par un mortier à base de terre selon une recette secrète qui s'est transmise au fil des siècles, ces plaques, d'une largeur de 50 centimètres environ et d'une hauteur maximale de 2,70 mètres, ont été posées les unes contre les autres pour former de véritables cloisons. Pour délimiter la porte et les fenêtres, il suffisait de mettre en place des plaques plus petites. Au sommet des murs court une poutre en bois qui supporte la charpente de la toiture. L'épaisse couche de chaume dont celle-ci est garnie est faite en paille de seigle, plus résistante et plus dense que la paille de blé. La construction des étables relevait du même système, qui permettait aussi de borner les parcelles agricoles par la pose de plaques hautes de 1 mètre, seulement alignées et non jointoyées. Ainsi, les marins et paysans de Kerascoët, qui n'avaient d'autre choix que d'exploiter les ressources que la nature mettait à leur portée, purent-ils grâce à ce principe de construction fort simple se construire rapidement des maisons solides et durables.

URLOU, DÉLIVREZ-NOUS DU MAL

QUIMPERLÉ
ÉGLISE ABBATIALE DE SAINTE-CROIX

Avec son plan cruciforme et sa forme circulaire inspirée du Saint-Sépulcre de Jérusalem, sa rotonde encadrée par trois absides et sa nef carrée, l'église abbatiale de Sainte-Croix est un exceptionnel témoin de l'art roman en Bretagne. La tradition rapporte qu'elle fut fondée au XIe siècle par Alain Canhiart, comte de Cornouaille, à la suite de sa guérison miraculeuse grâce à une croix en or descendue du ciel.
À l'intérieur, dans une admirable chapelle isolée du reste de l'édifice par un surplomb, le chœur des moines surprend tant par sa qualité architecturale que par son état de conservation. Véritables chefs-d'œuvre, les quarante-neuf chapiteaux ornés de motifs végétaux et de figures humaines plongent aussitôt le visiteur dans l'atmosphère de la vie monastique. Sous la rotonde se trouve une monumentale mise au tombeau, considérée comme la plus ancienne de la région (vers 1500). Sculptés dans une pierre blanche très lumineuse et magnifiquement travaillée, les disciples qui entourent le Christ apparaissent plus grands que nature. Longtemps livré aux intempéries et au vandalisme, cet ensemble sculpté a été l'objet d'une restauration très soignée.

La crypte est sans conteste la plus belle d'une Bretagne qui n'en compte guère. Elle recèle, notamment, le gisant de saint Gurloës réalisé en pierre de tuffeau et datant du XVe siècle. Urlou, de son nom breton, qui fut le premier abbé de Sainte-Croix, était réputé pour soigner la goutte et la folie. Ce tombeau présentait une ouverture par laquelle les malades, en y introduisant la tête, pouvaient, dit-on, se libérer de leurs maux, la guérison étant censée provenir de cet acte d'humilité. Aujourd'hui encore, la goutte est connue dans la région sous le nom de « mal de saint Urlou ».

Le manoir du martyr

QUIMPERLÉ
MAISON DES ARCHERS
8, rue Dom-Morice
Tél. 02 98 39 06 63
Ouvert lors des spectacles et de mi-juin à fin septembre pendant l'exposition consacrée au patrimoine

Important témoin de l'habitat ancien de Quimperlé, la maison des Archers a été construite au XVIe siècle. Cette appellation ne fait pas référence aux défenseurs de l'ordre public au Moyen Âge, mais aux archers de la Bible et à leurs flèches, symbole du martyr de saint Sébastien – dont le nom avait été donné autrefois à la rue. Montée sur trois étages en encorbellement pourvus de poutres disposées en épi, cette belle demeure de notables affiche un décor raffiné d'entrelacs et de motifs végétaux. Au cœur de la vieille ville, dans cette rue étroite, elle surprend par son volume et son plan allongé qui lui donnent des allures de manoir.

« UN PETIT TROU PAS CHER »

PONT-AVEN
MOULINS DE L'AVEN

« Vieux pays des meuniers, paradis des artistes », telle est la devise de Pont-Aven, paisible bourgade de Cornouaille entrée dans la notoriété à la fin du XIXe siècle et point de départ d'une école de peinture. Il suffit de gagner les rives de l'Aven qui, prenant sa source dans la Montagne Noire, coule au cœur de la cité parmi les amoncellements de blocs de granit pour percevoir le charme bucolique du lieu. Ce jeu permanent de la lumière sur l'eau, les premiers peintres, arrivés à Pont-Aven des États-Unis dès 1864, allaient tenter de le restituer sur leurs toiles. Mais c'est Paul

Gauguin qui, en s'installant à partir de 1886 dans « ce petit trou pas cher », selon l'expression du peintre Jobbe-Duval, devait en faire le foyer d'une nouvelle modernité. C'est ainsi que de la réunion d'artistes peignant en plein air et partageant les mêmes auberges et les mêmes préoccupations picturales naquit le mouvement synthétiste : des couleurs pures posées en aplats et cernées par un dessin vigoureux.
En flânant sur la promenade Xavier-Grall qui enjambe le canal du moulin de Poulhouars, le visiteur pourra apercevoir des lavoirs nichés entre les murets de pierre. De cette promenade part un sentier qui, au gré des méandres de l'Aven, débouche en hauteur sur le Bois d'amour, lieu d'inspiration de Gauguin et de ses amis Paul Sérusier, Émile Bernard et Maurice Denis. Dans le centre-ville, une plaque commémorative est apposée sur la façade de l'ancienne auberge de Marie-Jeanne Gloanec où ils vécurent. Avec son musée des Beaux-Arts et ses nombreuses galeries, Pont-Aven confirme la vocation artistique d'un lieu qui fut, un jour, à la pointe de l'avant-garde.

Montagne Noire
CÔTES-D'A
(22)
FINISTÈRE
(29)
Pontivy
Noyal-Pontivy
Le Faouët
Kernascléden
Melrand
Bieuzy-les-Eaux
Porho
Pluméliau
Baud
Landes
Pays de Lorient
MORBIHAN
(56)
Vannetais
Belz
Auray
Pluneret
VANNES
Île de Groix
OCÉAN ATLANTIQUE
Carnac
Golfe du Morbihan
Presqu'île de Quiberon
0
10
20 km
Site architectural
Site naturel
Vannetais
Nom de pays

Morbihan

Belz, île de Saint-Cado.

UN DIABLE AU PARADIS

KERNASCLÉDEN
FRESQUES MURALES
ÉGLISE NOTRE-DAME

Située à l'intérieur des terres, Notre-Dame-de-Kernascléden vaut le détour pour son architecture gothique flamboyante qui en fait un pur chef-d'œuvre de l'art breton. Élevée au XVe siècle par la famille de Rohan, dont on peut voir les armes en plusieurs endroits, l'église fut également dotée de fresques remarquables.
Sur les voûtes du transept nord sont peints quatre anges jouant chacun d'un instrument différent – vièle à archet, gigue, harpe, tambour –, selon une partition déroulée par quatre autres. Ces partitions, dont le nom se lit dans la pierre, ont-elles été introduites dans la région par des pèlerins ou étaient-elles dans les bagages de saint Vincent Ferrier, prédicateur espagnol venu évangéliser la Bretagne ? Quoi qu'il en soit, des musicologues ont reconnu, dans le *Sanctus* et l'*Agnus Dei* de l'église Notre-Dame, les notes d'une messe chantée en Espagne.
Du côté du chœur, d'autres fresques d'une surprenante beauté figurent des épisodes de la vie du Christ et de la Vierge. À ces images douces ou glorieuses répondent, dans le transept sud, des visions de l'enfer et de la mort sous la forme d'une impressionnante danse macabre, témoignage où se révèle un sentiment mêlé de terreur et de proximité face à la grande faucheuse. Sous le sourire de terribles squelettes, riches marchands aux masques blêmes et simples paysans entament leur dernière danse. Ces fresques composent également le plus effroyable tableau des supplices : dans un gigantesque chaudron mijotent les damnés emprisonnés sous la fourche du diable tandis que d'autres sont empalés sur un arbre sec ou y sont ligotés, attaqués et dévorés par des diantres cornus aux crocs acérés. À côté, un démon hilare prend plaisir à faire tourner un tonneau rempli de malheureux dont la souffrance est intense. Autant de scènes révélatrices de cette fin du Moyen Âge où sévissaient guerres, épidémies et famines, livrant les fidèles à l'angoisse de la mort.

LES PÉCHÉS DU MONDE

LE FAOUËT
JUBÉ
CHAPELLE SAINT-FIACRE
À 2,5 KM DU BOURG

La chapelle Saint-Fiacre, située dans les environs du Faouët, possède un jubé datant de la fin du XVe siècle d'une exceptionnelle facture. Attribué à l'ébéniste Olivier Le Loërgan, cet ouvrage en bois de chêne conçu comme une dentelle d'une élégance extrême valut à son auteur d'être anobli par François II, duc de Bretagne.
Le jubé est constitué d'une tribune divisée sur les deux côtés en dix panneaux et soutenue par cinq ogives ; celles-ci se prolongent par des clés pendantes représentant des anges du côté de la nef et des grotesques du côté du chœur. Des sculptures polychromes, reprenant la même répartition entre le chœur et la nef, figurent tantôt des scènes religieuses, tantôt des scènes profanes : une iconographie symbolique dont on se représente l'importance au moment du prêche. Sur une face, le Christ en Croix et les deux larrons voisinent avec Adam et Ève ou avec Marie se tournant vers l'ange de l'Annonciation ; sur l'autre, les vices sont mis en scène par le biais de personnages tous plus pittoresques les uns que les autres, à commencer par un homme qui, tenant un tonneau à la main, est en train de vomir un renard. D'autres séquences illustrent le vol, la luxure, la paresse tandis que quatre épisodes retracent l'histoire de Renard pour en dénoncer la fourberie : celui-ci commence par tenir un prêche aux poules, puis en dévore une avant d'être attaqué et écorché par les autres avec l'aide du coq. Tel est pris qui croyait prendre…

UNE CHAPELLE QUI TOMBE À PIC

LE FAOUËT
CHAPELLE SAINTE-BARBE
À 1,5 KM DU BOURG

Étonnant emplacement pour construire une chapelle que cette anfractuosité rocheuse surplombant un ravin, mais qui s'explique par l'histoire édifiante du sieur de Toulbodou.
Surpris par un violent orage un jour de 1498, alors qu'il était en train de chasser, ce riche seigneur fit le vœu d'élever un sanctuaire à sainte Barbe en échange de sa protection. Son appel ayant été entendu, Jehan de Toulbodou tint sa promesse à l'endroit exact où la sainte lui avait sauvé la vie.

Surplombant le vallon où coule la rivière Ellé, la chapelle Sainte-Barbe se laisse deviner parmi les hêtres. Bien que dépourvu de nef et de clocher en raison de l'étroitesse de la plate-forme sur laquelle il s'élève, cet édifice de style gothique flamboyant n'en est pas moins fastueux. On y découvre des statues, dont celle de sainte Barbe éclairée par des vitraux anciens, veillant sur d'étonnants panneaux de bois sculpté, tel celui du renard poursuivant une poule. Le monumental escalier de pierre qui y conduit, ajouté

au XVIIe siècle, dessert également l'oratoire Saint-Michel, dont trois côtés donnent sur un à-pic impressionnant. En contrebas, des sentiers mènent à la fontaine élevée en 1708 en l'honneur de sainte Barbe, que les jeunes filles du pays utilisaient à des fins divinatoires en y jetant leurs épingles à cheveux.
Avant de quitter ce lieu, le visiteur s'assurera la protection de la sainte en faisant retentir la cloche logée dans un petit édifice en pierre soutenu par quatre piliers.

Le Fils, le Père et le Saint-Esprit

MELRAND
CALVAIRE
Route de Guémené-sur-Scorff

Situé à la sortie du bourg, un curieux calvaire attire l'attention. Sur son fût ont été sculptées, symétriquement, les têtes des apôtres tandis que leurs noms sont gravés. Le sommet de la colonne est occupé par une console sur laquelle est représentée la Trinité, et ce d'une façon fort peu traditionnelle. En effet, ici, la croix latine a été remplacée par un gibet pourvu de trois colonnes. Au milieu, le Christ crucifié est surmonté d'une statue de Dieu le Père entre deux anges sur la tunique duquel apparaît le Saint-Esprit sous forme de colombe aux ailes déployées. De chaque côté du socle, où figurent en haut-relief Jésus devant Pilate ainsi que le portement de Croix, prennent place les statues de la Vierge et de saint Jean.
Sur ce calvaire daté du XIXe siècle qui propose une interprétation personnelle du répertoire classique, on peut voir le nom du sculpteur et celui du commanditaire de l'œuvre.

LA CHAPELLE DU SAINT ERMITE

BIEUZY-LES-EAUX
CHAPELLE SAINT-GILDAS

Au VIe siècle, Gildas, fondateur de l'abbaye de Rhuys, s'installa sur les bords du Blavet pour évangéliser la région. Il élut domicile dans une grotte située non loin du site de Castennec, un oppidum gaulois devenu camp romain. Gildas y mourut en 570 et son disciple, Bieuzy, prit sa succession. Édifiée à l'emplacement de cette grotte, la chapelle perpétue le souvenir de l'ermitage des deux hommes. Il s'agit d'un curieux édifice encastré dans la roche. Celle-ci fait sur un côté office de mur de soutènement tandis qu'elle apparaît au sommet comme un morceau de toiture. Sur l'un de ses angles, la tête sculptée figurant Gildas est un point de repère pour découvrir dans le rocher une anfractuosité correspondant à l'entrée de la grotte. À l'intérieur du bâtiment, une grosse pierre posée sur une colonne, dite « pierre sonnante », a été utilisée jusqu'à une époque récente comme cloche. Chaque lundi de Pentecôte, jour du pardon, on l'installait devant la chapelle et les mendiants avaient le droit de la faire tinter afin de s'attirer la générosité des fidèles. Non loin de la chapelle se trouve une roche plate d'où, selon la tradition, le saint s'adressait aux fidèles. Surplombant ce petit promontoire, une source qui passait pour être miraculeuse jaillit. On prêtait à cette source la vertu de soigner la stérilité : les femmes qui s'y rendaient devaient verser de l'eau dans leurs manches et lever les bras.

L'AVEUGLE SOLITAIRE

PONTIVY
« L'AVEUGLE », PAR GASTON SCHWEITZER
ROSERAIE MUNICIPALE
RUE D'IÉNA

Dans la roseraie de Pontivy est exposée une statue en bronze représentant un aveugle dont l'intense réalisme frappe le visiteur. C'est l'œuvre de Gaston Schweitzer (1879-1962), un sculpteur qui partagea sa vie entre Paris et Pontivy, ville pour laquelle il avait un très fort attachement. Réalisée en 1908, cette sculpture constitue l'une des pièces maîtresses de son œuvre. Avec quel talent l'artiste est parvenu à restituer, dans sa dimension tragique, l'émouvante humilité d'un homme dont les yeux ne sont plus qu'orbites creuses et qui tâtonne, le visage levé, dans la quête incertaine d'un signe venu du ciel ! Peut-être avait-il en mémoire le célèbre poème de Baudelaire sur les aveugles « dardant on ne sait où leurs globes ténébreux », car son *Aveugle* y fait irrésistiblement penser. Toute sa vie, Gaston Schweitzer s'est intéressé aux petites gens, dont il a partagé le quotidien, qu'il a su saisir sur le vif et sculpter dans des attitudes d'une rare expressivité. En témoigne la collection composée de plusieurs centaines de figurines représentant le menu peuple des halles de Paris entre 1940 et 1960 qu'il a léguée à la ville de Pontivy : bouchers, tripiers, poissonniers, balayeurs, policiers, prostituées et clochards ont ainsi pris forme et vie sous le burin d'un artiste exceptionnel, soucieux de louer l'existence des humbles.

UNE GOUTTE D'EAU DANS LA PIERRE

PONTIVY
« POSSESSION OVALE », PAR KOKI WATANABE
CHÂTEAU DES ROHAN
1, RUE LOURMEL
Tél. 02 97 25 12 93
Ouvert des vacances de Pâques à novembre. Horaires variables selon la saison

La solide forteresse bâtie par Jean II de Rohan, à la fin du XVe siècle, sur la colline qui domine Pontivy abrite, dans le cadre d'une exposition permanente, l'œuvre d'un artiste japonais, Koki Watanabe, *Possession ovale*. Pour accéder à la tour nord-ouest dans laquelle l'œuvre est présentée, il faut emprunter un escalier humide et obscur, qui débouche sur une pièce plongée dans la pénombre. Là sont installées à même le sol en terre treize coupes rondes dont la surface reflète des boules ovales translucides renfermant coquillages, algues et autres éléments naturels collectés sur les côtes bretonnes. Ces formes ovoïdes sont fixées à des filins descendant du plafond et le long desquels glissent lentement des gouttes d'eau venant remplir les réceptacles. Le plus étonnant, c'est que chaque goutte a sa sonorité propre, renvoyée en écho par la voûte de pierre.

À cet ensemble où chaque objet acquiert une présence singulière en fonction de sa position et de l'éclairage qui lui est prodigué, le clapotis de l'eau apporte une délicieuse sensation d'harmonie. Nombreux sont les châteaux qui, notamment en Bretagne, recèlent d'étranges et de précieux secrets. Si le château de Pontivy est de ceux-là, il offre aussi au visiteur, par le biais de cette installation, un lieu magique, infiniment propice à la méditation.

LE SOMMEIL DE LA JUSTE

NOYAL-PONTIVY
CHAPELLE DE SAINTE-NOYALE ET FONTAINE

Dans les environs de Noyal-Pontivy, se trouvent une chapelle et une fontaine dédiées à sainte Noyale. La tradition a rapporté la vie légendaire de cette sainte qui aurait vécu au VIe siècle. Le roi de Cambrie (au nord-ouest de l'Angleterre) avait une fille, Nolwenn, qui désirait consacrer sa vie à Dieu. Devant le refus de son père qui voulait la marier, elle se résolut à fuir son pays pour devenir ermite en Bretagne. Accompagnée de sa fidèle servante, elle traversa la Manche sur une branche d'arbre et débarqua sur les rives du Blavet. Ayant éconduit un chef local qui voulait l'épouser, elle fut décapitée. On raconte qu'à la suite de cet acte atroce, Nolwenn, devenue Noyale, prit sa tête entre ses mains et se mit à marcher à la recherche d'une sépulture. Après avoir franchi bien des villages et accompli de nombreux miracles, elle arriva dans un vallon qu'elle choisit pour y être enterrée. C'est à cet endroit que fut construite, au XVe siècle, une chapelle en son honneur.
Près de la chapelle à l'étonnant clocher couronné de petits clochetons dorés se trouve une fontaine sacrée en pierre. Elle abrite la statue de sainte Noyale décapitée, la tête dans ses mains. C'est une goutte du sang de la jeune martyre tombée à terre qui aurait, dit-on, fait jaillir la source.

LE PARDON DES BŒUFS

PLUMÉLIAU
FONTAINES SACRÉES
CHAPELLE SAINT-NICODÈME

Non loin de la chapelle Saint-Nicodème, dont le clocher flamboyant de 46 mètres de hauteur se signale de loin, se trouve un édifice constitué de trois fontaines sacrées datant de 1608. Chacun des bassins est encadré de piédroits et de voussures sculptés surmontés d'un arc en accolade, lui-même rehaussé d'un gâble orné de crochets frisés et de gargouilles. Les niches aménagées dans les parois abritaient autrefois les statues des saints Nicodème, Gamaliel et Abibon, protecteurs des bœufs. Leurs noms sont encore inscrits dans la pierre. Symbolisant la Trinité par son architecture en trois parties, cette fontaine était réputée guérir les maladies de peau. Édifiée en 1790, une autre fontaine vint compléter cet ensemble. Cette dernière fut placée sous le patronage de saint Cornély, dont la fonction fut élargie à la protection du monde rural dans son entier. Le pardon qui s'y déroulait mettait en scène des bœufs, des vaches et des veaux conduits en procession solennelle en l'honneur de ce saint.

UNE VÉNUS BARBARE ET RAFFINÉE

BAUD
VÉNUS DE QUINIPILY
À L'ORÉE DU BOIS DE QUINIPILY

Sculptée dans un bloc de granit, posée sur un piédestal à 2,20 mètres au-dessus d'une vasque alimentée jadis par une source réputée miraculeuse, la Vénus de Quinipily intrigue autant qu'elle attire. Est-elle une divinité égyptienne rapportée des bords du Nil par des légionnaires romains, comme le laissent penser sa forme et le pagne dont elle est vêtue ? Une Cybèle orientale ou une déesse gauloise ? Mystère…
Au XVIIe siècle, la statue, objet d'un culte païen, attira les foudres de l'évêque de Vannes. Aussi Claude de Lannion, seigneur de Quinipily, fit-il jeter l'idole dans les eaux du Blavet en 1661. Mais les gens du pays s'empressèrent de l'en retirer. Obstiné, l'évêque exigea, en 1670, qu'on la détruisit. Au lieu de quoi, elle fut mutilée, puis précipitée de nouveau dans la rivière.
En 1696, Pierre, le fils de Claude, l'installa dans le parc de son château. L'affaire fit grand bruit, car les paysans protestèrent contre cet enlèvement. Le duc de Rohan, estimant que cette statue lui revenait, intenta alors un procès au seigneur de Quinipily. Las ! Les juges donnèrent raison à Pierre.
Le château n'existe plus, mais celle dont Flaubert a écrit qu'« elle vous semble d'une sensualité à la fois toute barbare et raffinée » se dresse toujours, drapée dans son secret, au même endroit.

LE DIABLE PIÉGÉ

BELZ
ÎLE DE SAINT-CADO

Entre Lorient et Vannes, la ria d'Etel aboutit à une petite mer intérieure ponctuée d'îlots rocheux sur lesquels s'alignent de charmantes maisons de pêcheurs. Le joyau de cette mer en miniature est l'île de Saint-Cado qui aurait accueilli le saint vers le VIe siècle.
Fils d'un prince gallois de la famille des Glamorgan, Cado vint se réfugier en Armorique, comme tant de ses compatriotes, pour échapper aux invasions saxonnes et il consacra sa vie à évangéliser la région. L'île est reliée à la terre ferme par une chaussée qui, selon la légende, serait l'œuvre du saint. Pour pouvoir la réaliser, il dut pactiser avec le diable, acceptant que soit livré à celui-ci le premier être vivant qui franchirait le passage. Mais, à peine les travaux achevés, le saint lâcha sur la chaussée un chat qui, prenant le Malin par surprise, le fit chuter dans la mer.

Sur l'île se dresse la chapelle Saint-Cado datant du XIe ou XIIe siècle qui renferme, au sud, un bloc de plusieurs pierres assemblées ayant servi, d'après la tradition, de lit à saint Cado. Ce lit a la réputation de rendre la faculté d'entendre aux sourds.
Le combat victorieux du saint contre le diable est symbolisé sur un vitrail moderne tandis que sa vie est relatée au travers d'inscriptions gravées sur les arcades et les piliers à gauche de la nef.

CORNÉLY
ET LES SOLDATS ROMAINS

CARNAC
VOÛTE LAMBRISSÉE
ÉGLISE SAINT-CORNÉLY

Site plurimillénaire, Carnac s'enorgueillit de posséder, outre ses menhirs, l'un des plus beaux monuments religieux bretons : l'église Saint-Cornély. Édifiée au XVIIe siècle, elle renferme de somptueux lambris recouverts de peintures réalisées entre 1729 et 1732 par Louis Le Corre, peintre qui œuvra également à Noyal-Pontivy.
Sur les 750 mètres carrés de la charpente, ces peintures figurent : dans la nef sud, les quinze mystères du Rosaire, ainsi que six épisodes de la vie de saint Jean-Baptiste, dont l'impressionnante scène de la décapitation ; dans la nef nord, la vie du Christ et de la Vierge ; dans la nef centrale, l'histoire de Saint-Cornély, magnifiée par de lumineuses couleurs. La plupart des tableaux sont encadrés de gracieuses figures en trompe-l'œil, le plus souvent féminines, en guise de pilastres.
Coiffé de la tiare et tenant le bâton à triple croix de l'iconographie traditionnelle, saint Cornély est particulièrement vénéré en Bretagne. Pontife à Rome, il fut persécuté puis déporté par l'empereur Trébonien Galle à Civitavecchia, où il mourut en exil en 253. Mais la tradition a donné de ses péripéties une image plus romanesque : ayant fui Rome pour échapper aux soldats et accompagné de deux bœufs qui portaient ses bagages, Cornély serait arrivé aux abords de Carnac. Là, dans le but de défaire les soldats romains rangés en ordre de bataille, il les aurait transformés en pierres. Telle serait l'origine des alignements mégalithiques de Carnac...

Restaurés puis classés monument historique en 1960, les quarante et un lambris de l'église Saint-Cornély, sur la façade de laquelle prend place la statue du saint entre deux bœufs, constituent de véritables œuvres d'art, dignes des grands maîtres de la peinture religieuse.

LES PLUS ANCIENS MONUMENTS DE L'HUMANITÉ

CARNAC
MENHIRS DU MÉNEC
Tél. 02 97 52 29 81
carnac.monuments-nationaux.fr
Ouvert tous les jours de l'année.
Horaires variables selon la saison.
Sur visite-conférence uniquement

« Parlez, mais parlez donc ! », s'exclamait en 1825 le chanoine Mahé quand il arpentait les allées de menhirs du Ménec constituées de mille cent soixante-dix pierres alignées en onze rangées parallèles sur 1 165 mètres de long.Les pyramides d'Égypte ont livré une bonne part de leurs secrets, mais ces pierres dressées font encore l'objet de recherches et d'hypothèses concernant leur signification et la façon dont elles furent érigées. D'aucuns y ont vu l'empreinte sacrée des druides ou les agencements singuliers résultant des bouleversements consécutifs au Déluge, ou encore les vestiges de la civilisation de l'Atlantide. Pour d'autres, les menhirs matérialisent des repères astronomiques permettant, notamment, de calculer les levers du Soleil.
Au Ménec, justement, on remarque que la dimension des menhirs augmente d'est en ouest jusqu'à atteindre 4 mètres pour

celui nommé le « géant », isolé au milieu de pierres de taille plus modeste.
Lors du concile de Nantes en 655, on ordonna la destruction des mégalithes, car « les pierres que les ignorants vénèrent, trompés par les sortilèges des démons, doivent être renversées et jetées en tel lieu que leurs adorateurs ne puissent jamais les retrouver ».
Déconsidérées par l'Église, ces pierres furent alors utilisées comme matériau pour d'autres constructions, non sans que certains n'aient cherché à découvrir quelque trésor enfoui au pied de ces mastodontes pesant plusieurs tonnes.
Par la suite, la nécessité d'aménager des routes et des voies ferrées a entraîné le démantèlement de certains sites, si bien qu'on considère qu'il ne reste plus, aujourd'hui, que 5 à 10 % des mégalithes présents autrefois en Bretagne.
C'est dire l'importance de la civilisation qui, au néolithique, a vu naître, entre 4500 et 1500 avant J.-C., ces menhirs dont le mystère fascine toujours.

LA COHUE VERS L'ART

VANNES
MUSÉE DES BEAUX-ARTS
LA COHUE
PLACE SAINT-PIERRE
Tél. 02 97 01 63 00
Ouvert tous les jours de l'année. Horaires variables selon la saison

Face au parvis de la cathédrale Saint-Pierre, la Cohue s'ouvre par un imposant porche orné d'une sirène, élément d'architecture romane qui évoque à lui seul son passé. Emblème de l'intense activité commerciale de la ville, ce lieu construit au XIIIe siècle accueillait au rez-de-chaussée les halles composées d'une foule de petites échoppes : en 1790, on ne comptait pas moins de trente-six bouchers. Afin de pourvoir aux différentes activités de l'édifice, on dut agrandir celui-ci aux XIVe et XVIIe siècles. Dans la salle du premier étage, dont on peut encore admirer la magnifique charpente en chêne, était rendue la justice ducale ; c'est là aussi que le parlement de Bretagne, déplacé à Vannes dès 1675, tint ses séances. Rachetée par la ville en 1813, la Cohue fut ensuite transformée en théâtre. Elle n'a depuis lors jamais perdu cette vocation culturelle puisqu'elle abrite aujourd'hui le musée des Beaux-Arts. Magnifiquement restaurée, elle rassemble depuis 1982 des collections de peintures et de gravures organisées autour d'œuvres de tout premier plan, telles que la célèbre *Crucifixion* de Delacroix qui côtoie des toiles de Millet, Corot ou Goya. Les peintres et sculpteurs bretons y ont aussi, bien sûr, leur place. Située au cœur de la vieille ville, imbriquée dans le lacis des minuscules ruelles voisines bordées de maisons à pans de bois, la Cohue impressionne par la majesté de ses volumes intérieurs, séparés par des arcs en plein cintre. Sa visite permet une véritable plongée dans la Bretagne des temps anciens.

FOI D'ESPAGNOL

VANNES
STATUE DE SAINT VINCENT FERRIER
17, PLACE VALENCIA

Capitale des Vénètes, étape du Tro Breiz (pèlerinage passant par chacune des villes des sept saints fondateurs, que chaque Breton se devait d'effectuer une fois dans sa vie), Vannes prend l'accent espagnol sur la petite place Valencia entourée de splendides demeures.

Au n° 17, une statue de saint Vincent Ferrier signale l'importance de ce prédicateur espagnol dans l'histoire de la ville. En butte à d'incessantes invasions et de perpétuelles rivalités féodales, au point de subir, en 1342, rien moins que quatre sièges, Vannes finit par devenir rebelle à toute autorité, y compris religieuse. Jean V, duc de Bretagne, fit alors appel à Vincent Ferrier, un prêtre dominicain de grande réputation. Celui-ci arriva en ville, le 8 mars 1418, chevauchant symboliquement une ânesse et prêcha vingt-quatre jours d'affilée en plein air, place des Lices, faute d'église assez grande pour accueillir les fidèles de plus en plus nombreux.

Il les exhorta à reprendre le droit chemin de la foi avec un charisme hors du commun. Sa mission accomplie, il parcourut la Bretagne avec la même ambition. Rentré à Vannes épuisé et malade, il ne put repartir aussitôt dans son pays à cause d'une tempête. Il y mourut, le 5 avril 1419, sur la place qui porte aujourd'hui le nom de sa ville natale, Valencia. La cathédrale Saint-Pierre de Vannes abrite son tombeau ainsi qu'un buste reliquaire.

DE MÉMOIRE DE PORT...

AURAY
QUARTIER SAINT-GOUSTAN

Installée au fond d'une ria, Auray fut d'abord un site romain. La cité sut tirer parti de sa situation privilégiée en bordure du Loch, pourvu à cet endroit d'un gué franchissable à marée basse, ce qui lui permettait de percevoir un droit de passage. Le quartier Saint-Goustan témoigne d'une prospérité qui fit de la ville, au XIVe siècle, un enjeu politique majeur dans la guerre de succession de Bretagne. Déjà actif au XIIIe siècle, Saint-Goustan devint au XVIIe siècle le troisième port breton. Sur ses quais transitaient le vin, le sel, le cuir et le fer d'Espagne, mais aussi des céréales, de la viande et des produits textiles. La place Saint-Sauveur, lieu où l'on débarquait les marchandises, et les ruelles environnantes ont conservé de belles maisons, en particulier la rue du Petit-Port, ainsi que les pavés bombés qui recouvrent le sol et qui datent de cette époque glorieuse. Devant la splendide maison de l'octroi, le Pont-Neuf, datant du XVIe siècle et rénové

au XVIIIe siècle, offre aujourd'hui ses quatre arches au cycle des marées ainsi qu'un point de vue unique sur le port tranquille.
Avant de devenir le point de ralliement des vieux coureurs d'océans, ces quais accueillirent, le 4 décembre 1776, Benjamin Franklin. L'ambassadeur était attendu à Versailles par Louis XIV pour négocier le traité d'alliance qui allait permettre aux États-Unis d'Amérique d'obtenir leur indépendance.

Les honneurs de Sophie

PLUNERET
TOMBE DE LA COMTESSE DE SÉGUR
Cimetière

C'est en terre bretonne que Sophie Rostopchine, plus connue sous le nom de comtesse de Ségur, choisit de finir ses jours. Russe, noble, elle était la fille de Fedor Rostopchine qui s'illustra en mettant le feu à Moscou, dont il était gouverneur, afin que la ville ne tombât pas entre les mains de Napoléon.
Dame bien pensante et fine observatrice, elle se retira dans le château de Kermadio où vivait sa fille. De la correspondance qu'elle entretint avec ses petites-filles Camille et Madeleine naîtront des romans pour enfants sages... et moins sages.

LA DEMEURE AUX CHIMÈRES

JOSSELIN
MAISON MÉDIÉVALE
3, RUE GEORGES-LE-BERD

Bâtie fièrement au bord de l'Oust sur le flanc d'un coteau : ainsi apparaît Josselin. La cité fut fondée au XIe siècle par le seigneur Guéthenoc, qui fit édifier en ce lieu un premier château.
La ville qui se développa autour du château prit ensuite le nom de son fils, Josselin. Ses descendants constitueront la très illustre lignée des Rohan.
Bordées de demeures en granit et de maisons à colombages coiffées de toits d'ardoise, les rues de la ville conservent une authentique atmosphère médiévale. Datée de 1538, la maison du 3, rue Georges-Le-Berd en est le plus ancien exemple, et sans doute l'un des plus réussis.

Elle arbore sur sa façade à pans de bois disposés en croisillons des sablières peintes en ocre et rouge. Des motifs végétaux et des rinceaux, des animaux mi-poissons mi-dragons et autres chimères, ainsi qu'une scène trépidante de chasse aux lièvres y forment une frise des plus séduisantes.
Sur les poteaux, les premiers propriétaires de la maison n'ont pas manqué de se faire représenter, comme le voulait la tradition au Moyen Âge. Sculptés dans le prolongement d'un long buste, leurs visages altiers bien qu'avenants témoignent de la prospérité d'une cité dont le destin fut intimement lié à l'une des plus prestigieuses familles de la noblesse bretonne.

UNIS POUR L'ÉTERNITÉ

JOSSELIN
BASILIQUE NOTRE-DAME-DU-RONCIER

Élevée au XIe siècle à l'endroit même où un paysan fit dans un champ rempli de ronces l'heureuse et fréquente découverte d'une statue de la Vierge aux vertus miraculeuses, Notre-Dame-du-Roncier a su merveilleusement traverser les siècles. Au XVIIe siècle s'y déroulait un important pèlerinage, celui des « aboyeuses », censé guérir d'un mal mystérieux s'apparentant à l'épilepsie.
Pur chef-d'œuvre du style gothique flamboyant ceint sur trois côtés de longues gargouilles en saillie figurant moines, diables et animaux monstrueux, la basilique conserve à gauche du chœur trois courts et gros piliers aux chapiteaux sculptés, rares vestiges de l'art sculptural roman en Bretagne.
Homme de guerre redouté qui participa activement à la guerre de succession de Bretagne au côté de Jean IV de Bretagne, Olivier de Clisson, acquit la seigneurie de Josselin en 1370. Très attaché à cette église, il fit élever la chapelle Sainte-Marguerite, du nom de sa seconde épouse, qu'il sépara du chœur par une remarquable dentelle de pierre avant de commencer d'importantes transformations que ses successeurs achevèrent au XVIe siècle.
Dans la nef sud, les gisants grandeur nature du connétable de France et de Marguerite de Rohan sont portés par une table en pierre noire polie. Construit dans le chœur central, le cénotaphe fut mutilé pendant la Révolution et déplacé lors de sa restauration en 1858.

LA QUÊTE DU GRAAL

TRÉHORENTEUC
ÉGLISE SAINTE-ONENNE

Tréhorenteuc sonne de façon si étrange qu'on peut se demander quelle parenté secrète l'unit à la forêt de Brocéliande, emplie de mystères et de légendes. Il n'est que de s'aventurer dans ses sous-bois pour qu'aussitôt s'élèvent les clameurs du roi Arthur et de ses chevaliers, emportés dans de folles chevauchées.

L'église Sainte-Onenne tient une place particulière dans ces mystères. Datant du XVIIe siècle et restaurée par l'abbé Henri Gillard en 1942, elle présente un décor associant religion chrétienne et légende arthurienne, dont l'épopée est retracée sur les vitraux, les fresques et les céramiques. Dans le chœur, l'un des vitraux représente les chevaliers de la Table ronde groupés autour d'Arthur et un autre les épisodes de la vie de sainte Onenne. Au bas du vitrail de la sainte, on remarque deux lapins, dont l'un met la patte devant sa bouche comme pour nous transmettre un secret. Ce petit animal symbolise l'apprenti bâtisseur, celui qui doit suivre un parcours initiatique. Au fond de l'église, une mosaïque évoque, toujours dans le langage codé propre au symbolisme du Moyen Âge, la légende du cerf blanc vénéré par les chevaliers : avec son collier d'or et son auréole, il représente le Christ tandis que les quatre lions figurent les évangélistes.

Les œuvres peintes sont dues à un prisonnier de guerre allemand : le chemin de Croix, unique en son genre, montre le Christ tombant aux pieds de la fée Morgane ; celle-ci est encore présente dans le Val sans retour, lieu mythique de la forêt de Brocéliande que la tradition situe tout près de Tréhorenteuc. En ce lieu, Morgane tient prisonniers ses amants infidèles, mais Lancelot, en surmontant bien des épreuves, réussit à les délivrer. Enfin, le père Gillard a fait placer au-dessus de la porte d'entrée la phrase « La porte est en dedans », fascinante invite à pénétrer les significations cachées dans l'église, comme une quête du Graal...

L'OR DE BROCÉLIANDE

TRÉHORENTEUC
« ARBRE D'OR », PAR FRANÇOIS DAVIN
DIRECTION DU MIROIR AUX FÉES

En septembre 1990, un incendie ravagea cinq jours durant les bois et les landes du Val sans retour, l'un des endroits les plus légendaires de la forêt de Brocéliande. L'association de sauvegarde du Val sans retour a mis tout en œuvre pour redonner vie à cette zone sinistrée. Trente mille résineux et feuillus ont ainsi été replantés. Et, tout près de l'étang appelé « le Miroir aux fées », a été installé en 1991 l'*Arbre d'or*, œuvre du sculpteur François Davin. Il s'agit d'un châtaignier calciné entièrement recouvert d'or, dont 90 g d'or pur, pour signifier que la forêt est l'un des biens les plus précieux qui soient.
Protégé par un grillage et par des pierres de schiste acérées fichées dans le sol, cet arbre symbolise la renaissance après la destruction de la forêt illustrée par les cinq chênes brûlés qui l'entourent. Les branches de l'*Arbre d'or* représentent, en outre, les bois d'un cerf, animal mythique des religions anciennes et de Brocéliande en particulier, en lequel Merlin aimait se transformer.
Ainsi survit, au travers d'images fortes, le lien existant entre un lieu magnifique et sa légende.

LE FANTÔME DE LA DAME BLANCHE

CAMPÉNÉAC
CHÂTEAU DE TRÉCESSON

Non loin de la légendaire forêt de Brocéliande se dresse l'altière silhouette du château de Trécesson qui se mire dans les eaux paisibles d'un étang. Construit en schiste au XVe siècle à la demande de Jean de Trécesson, connétable de Bretagne, il a l'allure d'une forteresse dont l'entrée est commandée par un châtelet flanqué de deux étroites tours en encorbellement. Cet édifice n'a pas cessé, au cours des siècles, de dérouler le fil du mystère entre histoire criminelle et légende populaire, car il fut le théâtre, vers 1750, d'une macabre affaire.
En voici les faits. Un braconnier, qui se trouvait dans le parc du château pour y traquer sa proie, vit arriver une voiture attelée de chevaux noirs. Des hommes en descendirent et se mirent à creuser une fosse. Puis ils extirpèrent du carrosse une jeune femme richement parée et la tête couronnée de fleurs qui avait tout l'air d'être en tenue de mariée. Malgré ses supplications et ses larmes, ils l'enterrèrent vivante avant de repartir. Épouvanté, le braconnier courut alerter le châtelain qui, avec ses hommes, se rendit auprès de la fosse afin d'en extraire la jeune femme. Hélas, il était trop tard et celle-ci expira à peine l'eut-on sortie de terre. Après avoir mené une enquête qui se révéla infructueuse, le seigneur fit exposer dans la chapelle de son château la robe et le bouquet de fleurs nuptial de la belle inconnue. Les gens du voisinage racontent que, depuis lors, une dame blanche s'en vient parfois hanter le domaine à la tombée du jour.
Au bord de l'étang, on peut contempler le château et s'imprégner de l'atmosphère étrange qui en émane. Et qui sait, peut-être apercevoir le spectre tragique de la belle promise…

Un diable penseur

CAMPÉNÉAC
CHAIRE À PRÊCHER
Église

Il eût été étonnant que le diable ne signale pas sa présence quelque part dans les parages de la magique forêt de Brocéliande. Et, en effet, c'est à Campénéac qu'on le trouve, supportant dans une évidente position d'allégeance la chaire de l'église. Ainsi agenouillé, ne semble-t-il pas méditer sur les péchés des hommes ? Sa posture de penseur quelque peu mélancolique le rendrait presque attendrissant s'il n'y avait ses ailes, telles celles d'une grande chauve-souris, que l'on imagine prêtes à se déployer et à s'abattre sur le pauvre mortel qui resterait sceptique face au sermon prononcé par le prêtre.

LA MACHINE
À EXPLORER LE TEMPS

PLOËRMEL
HORLOGE ASTRONOMIQUE
CONGRÉGATION DES FRÈRES
1, BOULEVARD FOCH
Tél. 02 97 74 06 67
Ouvert tous les jours sauf le dimanche matin de 10h à 11h et de 15h à 18h

Désireux de transmettre sa passion pour les mathématiques et l'astronomie à ses élèves, Bernardin Morin, un religieux de la communauté des Frères de Ploërmel, réalisa, de 1850 à 1855, l'étonnante horloge astronomique que l'on peut voir aujourd'hui dans la cour, à l'abri sous son kiosque vitré. Ses dix cadrans, dont tous les mécanismes sont visibles, indiquent l'heure, la date et le jour de la semaine, les phases de la Lune, les mois et les saisons, la position du Soleil, de la Lune, de la Terre et des autres planètes, le temps absolu et le temps moyen dans le monde ainsi que la carte du ciel de Ploërmel.
Les trois aiguilles du dixième cadran font l'une un tour complet en un an, une autre en un siècle, la dernière en un millénaire. On ne peut qu'être fasciné devant un tel

monument de science et de précision, surtout si l'on considère que Bernardin fit tous ses calculs à la main. Après s'être livré sans compter à la contemplation de cette savante machine, qu'un frère doit remonter chaque jour à l'aide d'une manivelle, on aura encore le temps de méditer la phrase de Marcel Proust : « Les jours sont peut-être égaux pour une horloge, mais pas pour un homme. »

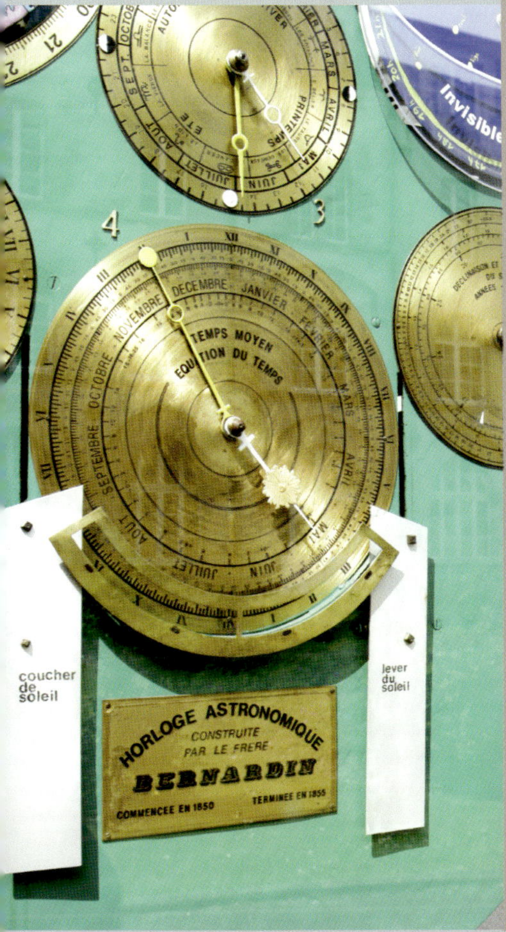

Le mystère du croissant

PLOËRMEL
MAISON BIGARRÉ
Rue des Francs-Bourgeois

Un parfum de mystère entoure cette maison. Si l'on sait qu'elle fut construite en 1669 par Jean Bigarré, on ignore d'où provient le croissant en pierre sculpté au fronton de sa magnifique porte Renaissance. A-t-il été rapporté de Terre sainte par les croisés ou s'agit-il d'une reproduction élaborée à partir du souvenir d'un de ces voyageurs qui sillonnaient alors l'Europe ? N'est-il que le fruit de l'imagination du sculpteur ou du commanditaire ? A-t-il un rapport avec l'astre lunaire ? Autant de questions qui alimentent la légende de la maison Bigarré, par ailleurs liée à des faits non moins énigmatiques. Dans une déclaration datant de 1677, il apparaît que son propriétaire devait payer chaque année quarante quarts d'écus pour quarante sermons donnés en l'église Sainte-Armel de Ploërmel par des prédicateurs annonçant la parole de Dieu ; il devait aussi, à Pâques, offrir le vin pour chacun des communiants de la paroisse. Riche personnage donc que le possesseur de cette belle demeure, qui n'en finit pas de nous délivrer ses secrets...

LA TRUIE QUI FILE

MALESTROIT
PLACE DU BOUFFAY

« N'est pas de Malestroit celui qui compte ses besants », telle est la devise de cette cité au riche passé qui fut, au XVe siècle, l'une des sept baronnies de Bretagne. La « perle de l'Oust », comme Malestroit aime à se faire appeler, doit son bel ensemble architectural au commerce florissant du lin et du chanvre qui s'établit sur les berges de la rivière, canalisée grâce à deux écluses dès le XVIe siècle. Autour de la place du Bouffay s'alignent de majestueuses demeures bourgeoises en granit ainsi que des maisons à pans de bois, dont certaines ont conservé des figures humoristiques en bois polychrome représentant un âne avec un biniou, un pélican ou une truie en train de filer. Ces scènes, dans lesquelles les animaux se voient attribuer un rôle normalement réservé aux hommes, dénotent l'inventivité et le savoir-faire des charpentiers et des sculpteurs au service des marchands prospères de Malestroit. Elles témoignent aussi de cet esprit de farce et de satire cultivé par les bons bourgeois du Moyen Âge, esprit que l'on retrouve dans les fabliaux.

LES MARIÉS DE LA FORÊT

TRÉDION
MENHIRS BABOUIN ET BABOUINE
FORÊT DE LANVAUX

Au cœur de la forêt de Lanvaux se cachent deux étonnantes pierres dressées qui aiguisent immédiatement la curiosité du promeneur, amusé par ce couple de menhirs présentant des visages grossièrement taillés aux sourires emprunts de bonhomie. Témoins de l'occupation humaine intense que connut la région pendant la préhistoire, ces époux de pierre sont affublés des tendres surnoms de Babouin et Babouine.
Il semble que ce soit Madame qui commande sur ce lit de feuilles. Retaillée sur toute sa hauteur depuis son robuste socle, elle domine, du haut de ses 3,25 mètres, son époux qui ne mesure que 1,42 mètre et paraît se satisfaire pleinement de son second rôle.
Classés monument historique, ces deux étranges menhirs élevés à l'âge du fer ont été l'objet de cultes païens. De forme phallique et d'apparence joyeuse, ils symboliseraient la fertilité et l'amour. Une autre hypothèse voudrait y voir d'anciennes bornes, car les deux pierres se trouvent à proximité de la grande voie romaine qui reliait Carhaix à Angers. Il se peut donc que ces stèles cultuelles aient été recyclées en bornes militaires. Ce dont on est sûr, c'est qu'elles forment un couple heureux de gardiens des bois qui a su traverser les vicissitudes du temps dans la bonne humeur.

UN RELIQUAIRE DOUILLET

LA VRAIE-CROIX
CHAPELLE DE LA VRAIE-CROIX

Joli village construit en granit, La Vraie-Croix possède une étonnante chapelle édifiée sur une voûte ogivale sous laquelle passe une route pavée. Cette chapelle à deux étages date, pour la partie basse, du XIIIe siècle et, pour la partie haute, du XVIIe siècle. À l'origine, le passage couvert abritait un escalier desservant la chapelle supérieure, à laquelle se rattache une légende. Revenant de croisade, un chevalier breton rapportait de Terre sainte un fabuleux trésor sous la forme d'un morceau de la croix du Christ. La tradition rapporte que ce chevalier perdit par deux fois la précieuse relique qui fut retrouvée au sommet d'un arbre dans un nid de pie. Ce fait fut interprété comme la volonté divine que soit édifiée, exactement à l'endroit du nid, une chapelle digne d'abriter la sainte relique. Voilà pourquoi une seconde chapelle fut construite au-dessus de la première. Percé de deux oculi laissant davantage pénétrer la lumière, l'édifice se signale

par un magnifique plafond lambrissé peint en bleu sur lequel semblent scintiller des étoiles d'or. Dans une vitrine se trouve le reliquaire en forme de croix datant du XVe siècle. Fabriqué en argent plaqué sur du bois doré et orné de pierres précieuses, il renferme un médaillon contenant la relique.
Exemple d'architecture de l'époque gothique, la chapelle n'est pas le moindre attrait de ce village qui compte parmi les mieux fleuris de France.

Aux sources de l'art

LA VRAIE-CROIX
FONTAINE SACRÉE
En bas du bourg

Malgré sa taille modeste, cette fontaine du XVIe siècle offre un condensé du style monumental de l'art religieux breton.
Elle se compose d'un petit bassin enserré par quatre colonnes, dont deux à l'arrière sont engagées dans la paroi du fond. Celle-ci est ornée d'un bas-relief figurant la scène de la Crucifixion. L'ensemble est couronné d'un dôme à quatre pans cantonné de balustres à boules, lui-même surmonté d'une croix. L'eau s'écoule dans un grand bassin avant de se déverser dans le ruisseau.

« SOUVIENS-TOI QUE TU ES MORTEL »

ROCHEFORT-EN-TERRE
MEMENTO MORI
ÉGLISE NOTRE-DAME-DE-LA-TRONCHAYE

Important centre de pèlerinage, l'église Notre-Dame-de-la-Tronchaye apparaît dans toute la flamboyance de sa façade gothique ornée de quatre pignons.
Sa situation inattendue, en dehors de la cité, s'explique par le fait qu'elle fut édifiée à l'endroit précis où on découvrit, dans un tronc d'arbre creux, une statue de la Vierge.
On retrouvera l'anecdote relative à la création du sanctuaire dans l'un des vitraux de l'édifice, avant d'aller admirer une magnifique tribune en bois finement sculptée, des stalles ouvragées et un retable Renaissance en tuffeau qui faisait autrefois office de clôture entre le chœur et la nef.
Mais ce qui frappe surtout, à gauche de la chaire, c'est une surprenante sculpture en bois de forme semi-circulaire posée au sommet d'une paroi à gros moellons.
Datée du XVIIe siècle et servant de porte-reliquaire lors du pardon, elle présente deux crânes, deux fragments de fémurs et de tibias, d'autres ossements ainsi que deux formes semblables à des épis de maïs. Cet ensemble macabre très singulier constitue un *memento mori*, c'est-à-dire une œuvre destinée à rappeler aux hommes qu'ils sont mortels. De telles représentations permettaient avant tout, en entretenant la peur de la mort, de frapper les esprits et de détourner le peuple des croyances et rites païens, si présents en Bretagne.
Plus sans doute que dans aucune autre région de France, les Bretons ont tissé avec la mort des liens étroits. Au travers d'étonnantes réalisations religieuses, ils nous ont légué une certaine vision de la destinée humaine.

L'AUBERGE BRETONNE

ROCHEFORT-EN-TERRE
CAFÉ BRETON
8, RUE DU PORCHE

Situé au milieu de la rue du Porche et flanqué d'une belle tourelle pentagonale, le Café Breton est un véritable condensé de l'architecture de Rochefort-en-Terre. Cet ancien hôtel particulier en granit et en schiste est remarquable par la transition entre les styles gothique et Renaissance qui se lit sur sa façade, du bas vers le haut. C'est en effet au milieu du XVIe siècle, époque de construction de l'édifice, que s'opéra dans la région le passage entre ces deux styles. Ainsi coexistent sur la façade fenêtres à meneaux et accolade fleurie avec frontons en forme de coquille. Classée monument historique en 1926, la demeure a continuellement fait office d'auberge et abrite aujourd'hui une crêperie.
L'intérieur est tout aussi intéressant, et s'installer à table, devant la cheminée, permet d'observer à loisir la richesse de la décoration. De terrifiants visages en bois sculpté datant de la fin du XIXe siècle et du début du XXe siècle scrutent le visiteur à mi-hauteur. Certains grimacent de douleur, d'autres tirent la langue, figés dans une expression qui semble procéder d'un envoûtement.
Cette décoration est complétée par des peintures sur bois représentant, notamment, un mariage breton dans un esprit festif très réaliste. Ces œuvres ont été réalisées par l'artiste américain Alfred Klots et par son fils Trafford. Propriétaire du lieu, le peintre ne cessa de mettre en valeur le patrimoine de la ville et fut même l'initiateur, en 1911, d'une politique d'ornementation végétale des maisons qui donne à leurs vénérables façades un cachet unique et plein de charme.

CATHÉDRALE DE BOIS

QUESTEMBERT
HALLES
PLACE DES HALLES

Construites en 1552 à la demande de Jérôme de Carné, seigneur de la région et fondateur des foires de Questembert, les halles forment un véritable îlot au cœur de la cité. Elles furent restaurées une première fois en 1675, ce qui atteste leur importance.

Ouvert sur chaque côté, ce vaste édifice de 54 mètres de long est entièrement fait en bois de chêne et de châtaignier, à l'exception de la toiture, dont la réfection en 1998 a nécessité près de soixante-dix mille ardoises, ainsi que la base des piliers qui est en pierre. Constituée de quatre-vingts piliers, cette ancienne cohue fut conçue selon le plan classique des halles à triple vaisseaux : le vaisseau central, ou « grand corps des halles », et deux nefs, ou « petites halles ». Ainsi, près de 160 mètres cubes de poutres, piliers et traverses se croisent et se soutiennent à plus de 10 mètres de haut.

Drapiers, cordiers, cordonniers et paysans s'y retrouvaient autrefois pour vendre le produit de leur activité. Lieu à la fois convivial et fonctionnel, ces halles étaient à la vie

économique et sociale ce que le château était au pouvoir politique et l'église au pouvoir religieux. Les différentes corporations pouvaient y exposer, sous la surveillance de gardes rémunérés par le seigneur local, des marchandises de valeur et se renseigner en même temps sur les produits de la concurrence.
En ce lieu qui apparaît d'abord au visiteur comme une cathédrale de bois splendidement agencée se tient toujours le marché hebdomadaire qui rassemble les producteurs de la région.

Le père prodige

QUESTEMBERT
TOMBE DU PÈRE MULOT
Cimetière

La tombe du père Mulot, située devant les murs de l'église de Questembert, ne manque pas d'intriguer. Ornée de têtes de morts et de larmes pour le moins inattendues, ce massif coffrage de pierre se vit pourtant attribuer des vertus miraculeuses à la mort du père en 1749 des suites du tétanos. Après la disparition du père missionnaire dont la réputation ne cessa de croître, les enfants de la contrée qui ne savaient pas marcher étaient portés sur son tombeau dans l'espoir d'un prodige. Seule la mémoire de l'if voisin, gardien des sépultures de Questembert, témoigne de la véracité de ces faits.

UN CANON AU PILORI

LA ROCHE-BERNARD
MAISON AU CANON
PLACE DU PILORY

C'est sur un promontoire dominant l'estuaire de la Vilaine qu'un chef viking du nom de Bern Hart fit construire son château vers le Xe siècle. Cette position stratégique permit à un bourg de se développer, dont la vocation commerciale n'allait pas tarder à s'affirmer. Point de passage au Moyen Âge entre le pays de Vannes et celui de Nantes, La Roche-Bernard connut alors une prospérité due au commerce florissant du sel, du vin, du bois et du charbon. Au XVIIe siècle, Richelieu choisit la ville comme site d'un chantier naval où fut construit *La Couronne*, premier vaisseau français à trois ponts. Fleuron de la Marine royale, il était armé de soixante-dix canons et pouvait embarquer plus de six cents hommes.

Avec ses larges fenêtres surmontées d'accolade, l'élégant hôtel particulier élevé en 1599 qui abrite la mairie est l'un des nombreux témoins de ce riche passé. Si cette demeure est appelée « maison au Canon », c'est précisément parce qu'un canon occupe l'un de ses angles. Cette pièce d'artillerie provient de *L'Inflexible*, un vaisseau qui s'échoua dans l'estuaire, à Arzal, après avoir participé en 1759, au large du Croisic, à la bataille des Cardinaux contre les Anglais. Rénovée en 1849, la maison servit jusqu'au début du XXe siècle de point de rendez-vous aux dockers. Sa façade arbore un cadran solaire où s'inscrit une énigmatique citation en latin, *Me sol vos umbra regit*, qui signifie « Moi c'est le soleil, vous c'est l'ombre qui vous gouverne. »

On ne manquera pas de découvrir les autres aspects de cette petite cité de caractère en empruntant ses escaliers et ses rues bordées de belles maisons anciennes jusqu'au château des Basses-Fosses, où se trouve le musée de la Vilaine maritime.

UNE DEMEURE DE PRESTIGE

LA ROCHE-BERNARD
CHÂTEAU DES BASSES-FOSSES
6, RUE RUICARD
Tél. 02 99 90 83 47 (musée) ou 02 99 90 67 98 (office de tourisme)
Ouvert tous les jours de mi-juin à mi-septembre de 10h30 à 12h30 et de 14h30 à 18h30

Situé au cœur du vieux quartier de La Roche-Bernard et construit à l'aplomb du rocher, le château des Basses-Fosses est un hôtel particulier datant des XVIe et XVIIe siècles. Il présente une singularité architecturale, car il s'élève, côté sud, sur deux niveaux et, côté nord, sur cinq niveaux, desservis par un remarquable escalier à vis en bois. L'impressionnant volume de ses pièces d'agrément, de ses greniers et de ses caves ne laisse point de doute quant à la fortune de son propriétaire qui fonda sa prospérité sur le négoce du sel. Cette demeure, qui abrite le musée de la Vilaine maritime consacré aux traditions de l'estuaire, se signale par une entrée pleine de noblesse : de part et d'autre de la massive porte en chêne clouté prennent place deux pilastres cannelés qui se rejoignent en un cintre surmonté d'un fronton triangulaire. À droite, la tête sculptée de la Mère La Roche rappelle que la ville devint au XVIe siècle, et pour un peu plus de cent ans, une place forte protestante sous l'influence du baron François de Coligny.

FAR
OUEST

PÉNESTIN
PLAGE DE LA MINE D'OR

Du sentier littoral en provenance de Loscolo ou de Poudrantais, on peut assister à un formidable spectacle naturel lorsque le soleil couchant embrase les falaises dominant la plage dite « de la Mine d'or ». Les micaschistes, les argiles et les kaolins qui les composent entrent alors dans une harmonie sans cesse renouvelée de couleurs ocre, cuivre et rouge. L'éclat particulier renvoyé par la roche de ces falaises au moment où le soleil jette ses derniers feux a pu faire penser, jadis, qu'elles contenaient de l'or ! En 1851, un certain Durocher, au nom prédestiné, prétendit que 1 mètre cube du sable de ces falaises renfermait 0,50 g d'or natif ! Il n'en fallut pas plus pour que les autorités permettent son exploitation. Quelques aventuriers en quête de fortune rapide, pensant avoir trouvé le bon filon, se lancèrent donc dans l'extraction et le filtrage du sable à la recherche de rares paillettes aurifères. L'affaire fit grand bruit jusqu'à ce que l'on se rende compte, à la fin de l'année 1914, que les quinze ouvriers employés à ce travail coûtaient bien plus qu'ils ne rapportaient. La ruée vers l'or n'a pas eu lieu en Bretagne, mais cette aventure a laissé un nom fort évocateur aux falaises de la plage de Pénestin.

ILLE-ET-VI
(35)
MORBIHAN
(56)
LOIRE-
Mesquer-Quimiac
Saint-Lyphard
Brière
Pays
guérandais
Saillé
Batz-sur-Mer
Saint-Nazaire
Pornichet
Côte d'Amour
n
Pays
de Retz
OCÉAN
ATLANTIQUE
Côte de Jade
Baie de
Bourgneuf
Île de
Noirnoutier
0
10
20 km
VENDÉE (85)

Loire-Atlantique

Nantes, château des ducs de Bretagne.

DANS LA QUIÉTUDE DES MARAIS SALANTS

MESQUER-QUIMIAC
ÉTIER DE QUIMIAC
ROUTE DE BEL-AIR
À GAUCHE DU PONT, À LA SORTIE DE QUIMIAC

Façonnés pendant des siècles par des générations de paludiers, les marais salants livrent leurs secrets le long du chemin bordant l'étier de Quimiac, frontière naturelle séparant Mesquer, ancienne « petite capitale du sel », de Quimiac, charmante station née des bois et des sables. Les paludiers racontent qu'un « pâtour à vaches », paysan surveillant ses vaches en train de paître, eut le premier l'idée d'une saline, observant que, sur une bôle (accumulation de sédiments dans une vasière) lavée par les marées, les empreintes de ses animaux formaient autant de petits réservoirs dans lesquels le sel se cristallisait.
Les techniques qui se sont développées à partir de cette découverte n'ont pas changé, permettant à des hommes d'aménager et d'exploiter ces sols marins peu à peu comblés par l'argile. Dans la pérennité de gestes ritualisés, en parfaite harmonie avec la nature et les saisons, le paludier œuvre à la production de sel, ce fameux or blanc. Il creuse les canaux appelés « étiers », qui permettent d'acheminer, par un savant jeu d'écoulement, l'eau de mer de la vasière vers les différents réservoirs, jusqu'au dernier bassin, l'« œillet », où se récolte le sel ; il élève et entretient les talus qui morcèlent l'ensemble en une extraordinaire mosaïque d'eau dormante aux reflets changeants.
La quiétude qui règne autour de ces bassins n'est troublée que par le féérique ballet des oiseaux migrateurs se posant discrètement à la surface de l'eau. Aigrettes, avocettes élégantes, spatules blanches et ibis ont fait leur royaume de ce remarquable espace naturel. Les basses maisons blanches du charmant mouillage de Kercabellec se profilent alentour. Des gabares chargées du précieux condiment en partaient autrefois pour approvisionner les ports de pêche de la façade atlantique.

DES BOTTES SUR LE TOIT

SAINT-LYPHARD
CHAUMIÈRES TRADITIONNELLES
VILLAGE DE KERHINET
PARC NATUREL RÉGIONAL DE BRIÈRE
À 5 KM AU SUD DU BOURG

Entre terres et marais, la Brière offre un paysage de canaux serpentant au milieu des prairies humides, de tourbières et de plans d'eau peuplés de roseaux. Le village de Kerhinet présente dix-huit maisons basses traditionnelles, dont les habitants, paysans et tisserands, sachant que ce végétal constituait un parfait isolant, en ont recouvert les toits. Disposées en bottes compactes ou en bandes verticales de 70 centimètres de large, ces toitures en roseau sont pour beaucoup dans le pittoresque et le charme de la Brière, qui compte plus de trois mille constructions de ce type.

Ce patrimoine unique, superbement restauré, a fait de Kerhinet l'un des plus beaux villages de la région. Il témoigne du lien spécifique que l'homme a su créer avec son environnement au fil du temps et dans le respect de la faune et de la flore qu'il abrite. L'extension actuelle des roselières montre qu'une grande partie de la population a abandonné ces marais qui, désormais, se comblent. Mais l'on peut encore emprunter les canaux pour faire une promenade en barque et s'immerger dans le marais, accompagné de cris d'oiseaux et du croassement des grenouilles.

L'OR BLANC
DU PALUDIER-ORFÈVRE

SAILLÉ
VILLAGE DE PALUDIERS ET SALINES

Au détour des maisons restaurées du charmant bourg de Saillé, situé au sud de Guérande, apparaissent les salines du Pays blanc. Ce village, qui fut le témoin de l'union entre Jeanne de Navarre et le duc de Bretagne Jean IV, vit depuis plus de mille ans de la récolte d'un sel de renommée mondiale.

Dans les bassins séparés les uns des autres par de petites digues de 30 à 40 centimètres de large, l'eau de mer se décante de son sel, au cours d'un long circuit, sous l'effet conjugué du soleil et du vent. La période de l'été, lorsque le sel a cristallisé dans les réservoirs étincelants appelés « œillets », sonne l'heure de la cueillette. Muni d'une raclette à manche long et souple, le paludier circule sur les étroites levées de terre pour ratisser et rassembler les gros cristaux de sel. C'est une opération délicate, car il ne doit pas racler la molle pellicule vaseuse du fond du bassin. Après un ultime écoulement des eaux de décantation commence à s'élever la blanche pyramide de sel. Bourgeonnant à la surface de l'eau, la fleur de sel à la saveur unique de violette est, elle, constituée des plus petits cristaux. Sa finesse la rend fragile et il faut beaucoup de délicatesse au paludier pour la récolter.

Travaillées selon une méthode ancestrale, les salines du Pays blanc ont donné naissance, entre terre et mer, à des canaux et à des bassins rectangulaires remplis d'eau et de vase, qui forment un exceptionnel paysage de surfaces irisées ou nacrées, sur lesquelles se reflète l'immensité du ciel.

LES VICES ET LES VERTUS

BATZ-SUR-MER
CLÉS DE VOÛTE DU COLLATÉRAL NORD
ÉGLISE SAINT-GUÉNOLÉ

Coiffée d'un dôme culminant à 70 mètres de hauteur, la tour de l'église Saint-Guénolé se signale de loin depuis la vaste étendue plate des marais salants. Reconstruite dès le XVe siècle, cette église de style gothique flamboyant affiche fièrement la richesse passée de Batz qui fut, pendant des siècles, le centre de production et de négoce du sel. Le porche nord du Garnal, dont le nom provient du cimetière qui s'étendait autrefois autour du sanctuaire (en breton, *garnal* signifie « cimetière »), présente un magnifique arc en contre-courbes.
À l'intérieur, les piliers ronds flanqués de quatre colonnettes sont les seuls vestiges du premier édifice datant du XIIIe siècle. Dominés par un plafond illuminé de bleu, ils entourent le majestueux maître-autel réalisé en 1677 qui renferme les reliques de saints vénérés, tel saint Guénolé.
Mais la véritable révélation de l'église, ce sont les étonnantes clés de voûte en forme de culs-de-lampe sculptés du collatéral nord. Elles représentent divers personnages et animaux : ici, une sirène et un dragon ailé ; là, un homme à terre, sauvagement dévoré par sept monstres, symboles des sept péchés capitaux. À l'inverse, le cul-de-lampe figurant la Sainte Face du Christ qui transparaît sur le voile tenu par trois anges et sainte Véronique incite à la plus fervente dévotion.
Le visage tourné vers le ciel, les fidèles avaient ainsi tout loisir de méditer le sermon silencieux se déployant sous la voûte.

DIVINE GOURMANDISE

PORNICHET
VILLA KER SOUVERAINE
202, BOULEVARD DES OCÉANIDES

L'époustouflante villa Ker Souveraine resplendit à nouveau sur les bords de mer de Pornichet. Car cette grosse meringue blanche, édifiée en 1925 par les architectes nantais Vachon et Grave à la demande de la comtesse de Lanoue, a été finalement soustraite aux appétits des promoteurs immobiliers. Témoin de l'engouement de la riche société des Années folles pour les bains de mer mis à la mode par l'impératrice Eugénie dès le second Empire, elle bénéficie désormais d'un classement à l'inventaire des monuments historiques. Réaménagée, cette demeure néoclassique parée d'un toit-terrasse à l'italienne a retrouvé tout son caractère et son luxe, ses faux marbres et ses sirènes, ses colonnes et ses statues empruntées à divers répertoires allant du style Louis XVI au style Art déco, en passant par des décors d'inspiration chinoise et même bretonne.

MILLE SABORDS

SAINT-NAZAIRE
DE LA RUE DE TRIGNAC AU QUAI DU COMMERCE

Rare ville à pouvoir se targuer d'avoir vu passer Tintin, Saint-Nazaire présente six panneaux géants reproduisant des vignettes extraites des *Sept Boules de cristal*. Dans cet album, Tintin et le capitaine Haddock partent à la recherche du professeur Tournesol qui a été enlevé. Et c'est à Saint-Nazaire que la piste des ravisseurs les mène.
Ces panneaux retraçant le parcours de l'aventurier-reporter constituent six jalons pour découvrir la ville d'avant-guerre, époque où elle fut la tête de pont transatlantique vers Cuba, le Mexique ou Panama. De cette glorieuse époque subsistent, autour du port, des rues aux noms évocateurs : La Havane, Veracruz, Mexico...
Dans le quartier ouvrier du Méan-Penhoët, le décor n'a pas changé. Les grues des chantiers navals se dressaient déjà à l'horizon lorsque la Lincoln Zéphir jaune du capitaine Haddock roulait dans la rue de Trignac. Arpentant le port, Tintin et son compère Haddock se désolent du manque d'indices concernant la disparition du professeur Tournesol, dont la voiture a été retrouvée dans le bassin de Penhoët. Complété par trois formes de radoub, ce bassin fut rendu accessible aux paquebots dès 1881.
Tintin voit ensuite le général Alcazar embarquer sur un navire en partance pour l'Amérique du Sud. Le panneau représentant cet épisode se dresse près des murs de l'ancienne base de sous-marins. Construite par les Allemands durant la Seconde Guerre mondiale, elle est venue recouvrir le bassin où accostaient les paquebots.
Le parcours s'achève quai du Commerce par un panneau figurant le capitaine Haddock qui, s'étant imprudemment assis sur un ballot de marchandises, est emporté avec lui par une grue.
Ainsi s'est noué le destin de cette ville-port, transformée à la fin du XIXe siècle en fabrique de navires, ce dont les gigantesques chantiers navals témoignent. Hergé avait bien compris l'importance de Saint-Nazaire en y situant l'une des aventures de Tintin. À son tour, la ville lui a rendu hommage.

TATI
À LA PLAGE

SAINT-NAZAIRE
STATUE DE MONSIEUR HULOT
PLAGE DE SAINT-MARC

Depuis 1999, monsieur Hulot veille, les mains derrière le dos, sur la plage de Saint-Marc. C'est que ce drôle de vacancier a sa statue de bronze, réalisée par Emmanuel Debarre, en hommage au fameux film de Jacques Tati tourné en ces lieux pendant l'été 1951.
Le cinéaste avait été séduit par l'ambiance familiale de cette petite station balnéaire, avec ses rochers, ses grands pins, son hôtel, ses colonies de vacances, mais aussi ses belles villas. Le souvenir du tournage et de sa joyeuse équipe est resté gravé dans les mémoires, car les habitants, et notamment les enfants de Saint-Marc, sont devenus, le temps d'un film, des héros du septième art.
On imagine ce grand escogriffe de monsieur Hulot, incorrigible gaffeur et comique invétéré, débarquant dans sa minuscule voiture pétaradante pour bousculer le quotidien un rien morose des vacanciers assoupis. Enchaînant les gags, il va bouleverser les règles élémentaires du savoir-vivre en y introduisant sa douce folie.
À la presse qui l'interrogeait en 1953, Tati répondit : « Je veux que pour 150 francs le citadin qui regardera mon film se paie une heure de vacances. » Pari réussi !
Et la plage que Tati aimait tant a, elle aussi, conservé tout son charme.

De fer et de verre

SAINT-NAZAIRE
HALLES DE PENHOËT
Rue de Trignac

Plus ancien édifice public de Saint-Nazaire, les halles de Penhoët ont miraculeusement échappé aux bombardements qui ont défiguré la ville à la fin de la Seconde Guerre mondiale. Datant de 1877, ces halles de style Baltard étaient initialement dédiées à la vente du poisson. Parmi les constructions modernes dues à la reconstruction d'après-guerre, elles affichent leur magnifique structure de fer, de fonte et de verre. Rare vestige de l'architecture du second Empire, elles rappellent que c'est Napoléon III qui, dès le milieu du XIXe siècle, assigna à la ville le rôle d'avant-port de Nantes.

LES RICTUS DE LA FORTUNE

NANTES
HÔTELS PARTICULIERS
ÎLE FEYDEAU

Il fallut beaucoup d'argent et d'ingéniosité aux architectes et ingénieurs pour rendre constructible l'île Feydeau. Loti en vingt-quatre parcelles, l'ancien banc de sable planté de saules apparaît aujourd'hui comme un grand vaisseau de pierre où s'installèrent, au XVIIIe siècle, négociants et armateurs qui se firent bâtir de somptueuses demeures. Ces hôtels particuliers en pierre de tuffeau bénéficient d'une double façade, sur les quais et sur la rue. Derrière le secret des portes cochères se déploient des cours intérieures pavées desservant les appartements. Le décor de ces façades se décline en un riche répertoire ornemental, tel que frontons triangulaires, balcons galbés ornés de fer forgé, motifs de style rocaille et mascarons d'inspiration mythologique ou directement liés à la vie en mer, comme ceux figurant des pirates.
Au n° 16 de l'allée Duguay-Trouin, le Temple du Goût est sans doute l'un des plus remarquables de ces hôtels. Il fut édifié par Pierre Rousseau, l'un des architectes qui prit part à l'aménagement de ce nouveau quartier que constituait l'île. À l'instar de ceux de l'hôtel de la Villestreux, allée de Turenne, ses murs arborent des mascarons à l'expression grimaçante de douleur. Ces rictus de souffrance ne sont pas sans évoquer le sort des esclaves noirs dont le port de Nantes fut l'un des premiers en Europe à organiser la traite. C'est sur le commerce triangulaire des esclaves, pudiquement nommé « commerce du bois d'ébène », que les négriers de la ville établirent leurs immenses fortunes. Ceux-ci ont légué à la ville un exceptionnel patrimoine architectural, qui restitue toute l'atmosphère de cette époque, mais rappelle aussi de bien sombres souvenirs.

UNE TROMPETTE RENOMMÉE

NANTES
ANCIENNE USINE LU
LE LIEU UNIQUE
QUAI FERDINAND-FAVRE
Tél. 02 51 82 15 00 / www.lelieuunique.com

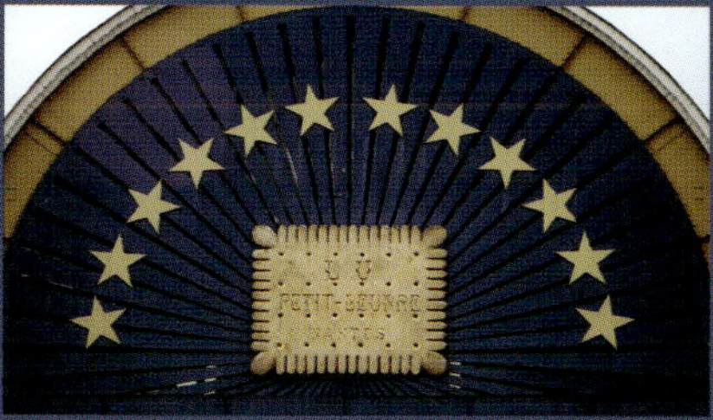

En 1889, Louis Lefèvre-Utile, célèbre inventeur du petit-beurre, décida de faire de sa nouvelle usine rien moins qu'un palais de l'industrie alimentaire qui n'aurait rien à envier au château des ducs de Bretagne. Cet entrepreneur voulait faire une œuvre dont l'utilité ne nuise pas à l'esthétique. C'est ainsi qu'il fit construire, quasiment en face du prestigieux château, un bâtiment dont les deux tours en constituaient la réplique.
Mais la biscuiterie, qui fut la plus belle usine de Nantes au début du XIXe siècle, subira bien des déboires : elle fut d'abord amputée d'une de ses tours avant que l'autre ne se voit privée de son dôme. C'est cette dernière qui, restaurée et dotée d'un nouveau toit à l'identique, s'élève depuis 1998 dans le ciel nantais. Elle se signale par sa couleur blanche rehaussée de bleu, de rouge et d'or, et par son décor de style Art nouveau.
Sur sa façade, la fenêtre à trois baies est surmontée par la sculpture de la Renommée figurant un ange brandissant une trompette. Ornée d'aigles aux ailes déployées, la coupole est éclairée par des verrières sur lesquelles se dessine le monogramme formé des initiales « L » et « U » superposées. Enfin, au sommet, la lanterne coiffant la tour évoque le phare en forme de boîte de biscuits LU, conçu par l'architecte Auguste Bluyssen pour l'Exposition universelle qui se tint à Paris en 1900.
Remaniés, les anciens locaux de l'usine et sa tour accueillent désormais le Lieu Unique, incontournable point de ralliement de la vie culturelle nantaise.

UN VIN GOULEYANT

LE PALLET
VIGNOBLE NANTAIS

« En doutant, nous venons à la recherche, en cherchant, nous percevons la vérité. » Ces mots qu'Abélard, né au Pallet en 1079, employaient pour évoquer ses amours malheureuses avec Héloïse sont à méditer le long des rives de la Sanguèze, un affluent de la Sèvre qui coule au cœur du vignoble nantais. Les facétieux diront qu'ils ne viennent ici que pour se repaître des paroles du grand penseur, théologien et philosophe ; les hédonistes répondront que le muscadet n'est que source de joie.
Au milieu de vastes étendues de vignes, les vieilles pierres célèbrent encore la beauté d'un paysage centenaire organisé par et pour la production d'un vin qui constitua, dès le XIIe siècle, la principale ressource du trésor épiscopal. Témoin de l'importance du lieu, la chapelle Sainte-Anne, dont ne subsiste que le chœur roman du XIIe siècle, et les pierres tombales gravées sont les seuls vestiges de la forteresse que les ducs de Bretagne firent édifier au Pallet.
Au carrefour des influences de l'Aquitaine, de la Loire et de l'Armorique, les jolis vins de Nantes – gros-plant, melon ou muscadet – sont issus de terres silico-argileuses au sous-sol de gneiss, de granit et de schiste qui leur donnent ce caractère tantôt vif et gouleyant, tantôt légèrement perlant et d'un fruité incomparable.
Ces vins chantent ainsi l'alchimie unique qui se produit entre un terroir et des hommes qui le servent amoureusement selon des pratiques ancestrales.

DOUCE VÉRONIQUE

LE PALLET
MAISONS DE VIGNERONS
LE PÉ-DE-SÈVRE
À 3,3 KM DU CENTRE-BOURG

Coiffées de tuiles rouges comme une « annonce du Midi », selon le mot de Jules Renard, les maisons du Pallet affichent clairement leur double fonction d'habitation et de cave. Si l'escalier en pierre desservant l'étage supérieur est totalement ouvert, il est un lieu réservé, aménagé au rez-de-chaussée et percé d'une seule fenêtre sans carreau, toujours close d'un panneau de bois : c'est le cellier, où le vin est protégé des variations atmosphériques extérieures. Dans le calme de ces petites caves, la « véronique », marquée de quatre bagues sur le goulot, et la « fillette » (37,5 cl) sont déjà prêtes à procurer de douces sensations au palais.
Dans le secret de ces petites caves dorment des bouteilles dont le précieux nectar est capable, avec l'âge, d'opérer un fabuleux retour à ses origines, laissant remonter en bouche des notes bourguignonnes.
Selon l'historien Alfred Gernoux, les vignerons finissent par acquérir les défauts et les qualités des crus qu'ils cultivent et, par une sorte de mimétisme, arrivent à leur ressembler.
Il conclut en disant que le viticulteur de la Sèvre montre les mêmes qualités que son muscadet : clair, gai et spirituel.
Gageons que ces excellentes dispositions se rapportent également aux vignerons du Pé-de-Sèvre, dont les demeures parfois montées en pierres sèches forment un authentique hameau traditionnel.

Un fort imprenable

CLISSON
CHÂTEAU
Tél. 02 40 54 02 22
Ouvert toute l'année.
Horaires variables selon la saison

Du pont de la Vallée enjambant la Sèvre ou du viaduc franchissant la Moine apparaît Clisson dans la magnificence de ses tonalités rouges et ocre. Curieusement, cette ville bretonne, proche à la fois du Poitou et de l'Anjou, affiche des airs d'Italie. Il n'est que de contempler le campanile de l'église Notre-Dame pour se sentir transporté dans la Toscane du XIIIe siècle.
Cette particularité, Clisson la doit à trois hommes amoureux de l'Italie qui présidèrent

Contrescarpes, douves, murailles, courtines et bastions forment, au gré des ajouts et des remaniements, une parfaite synthèse de l'architecture militaire en France du XIIIe au XVIIe siècle. En surplomb de la Sèvre et dominant la vallée, la cuirasse de pierre dessine une enceinte polygonale dont les parties basses datent de l'apparition de l'artillerie. Redoutée et redoutable, la forteresse contribua grandement à la prospérité de Clisson durant le Moyen Âge grâce à son exceptionnel système défensif.

RENAISSANCE ITALIENNE

CLISSON
CITÉ TOSCANE

à sa renaissance en décidant, au début du XIXe siècle, de s'installer dans ce site enchanteur. Située au cœur des conflits opposant les révolutionnaires aux Vendéens, la ville se retrouva, en effet, complètement dévastée en 1794. Pierre Cacault, peintre de son état, son frère François, collectionneur et diplomate, ainsi que Frédéric Lemot, sculpteur et ancien élève de l'académie de France à Rome, vont ainsi faire revivre la cité quasiment désertée et la réhabiliter en la parant d'un pur style néoclassique. Au gré de ruelles pittoresques ou des hauteurs du viaduc, on peut admirer l'enchevêtrement des maisons de briques et de tuiles que le soleil couchant fait rougeoyer.
La ville compte également deux parcs paysagers remarquables, la Garenne Lemot (voir page suivante) et la Garenne Valentin. Installés sur la Sèvre pour le premier et sur la Moine pour le second, ils donnent la touche finale au paysage italien de Clisson.

UN GOÛT DE PARADIS

CLISSON
DOMAINE DÉPARTEMENTAL DE LA GARENNE LEMOT
Ouvert tous les jours d'avril à septembre de 9h à 20h, d'octobre à mars de 9h30 à 18h30

En 1805, Frédéric Lemot acquiert le bois de la Garenne, une ancienne réserve de chasse seigneuriale. De là va naître le domaine de la Garenne Lemot, vaste parc paysager où le sculpteur pourra donner corps à son désir d'Italie. Il crée ainsi son jardin idéal dédié à l'Antiquité et à la Renaissance, où la nature et l'architecture coexistent harmonieusement, à l'instar des modèles italiens.

Pittoresque et romantique à souhait, ce jardin longé par la Sèvre est ainsi peuplé de statues et ponctué de colonnes que l'on découvre au gré des allées. D'autres éléments d'architecture à la mode antique prennent place parmi les pins majestueux et les marronniers, tels que les bains de Diane, le temple de Vesta ou celui de l'Amitié.

Dans la partie haute du parc, la maison du jardinier forme un ensemble de bâtiments rustiques qui évoque une ferme toscane. La villa Lemot est une splendide demeure néoclassique dotée d'une loggia qui s'inspire des villas construites par Palladio, architecte de la Renaissance. De sa terrasse, on embrasse un vaste panorama sur la ville. Amoureux de l'Italie, Frédéric Lemot conçut ce très bel espace comme une mise en scène picturale, véritable réminiscence de ses années passées à l'académie de France à Rome. Les tombeaux, la grotte, la pergola, l'obélisque ainsi que tous les autres ornements antiquisants parlent ici d'un paradis perdu mais retrouvé, celui des bergers d'Arcadie, pays mythique cher aussi au peintre Poussin, autre grand admirateur de l'Italie.

À lire aux éditions Les Beaux Jours :

Breizh quiz
Olivier Lecollinet

Nantes secret et insolite
Catherine Olart, Laurent Allenou

Rennes secret et insolite
Gilles Brohan, Michel Ogier

Retour à Nantes
Daniel Quesney

Retour à Rennes
Patrick Fournial

Crédits photographiques

Les photographies reproduites dans l'ouvrage
sont de Jean-Christophe Gatiniol et Olivier Lecollinet sauf :

33 : Saint-Suliac, © Philippe Mouret ; **37 :** Les Iffs, église de Saint-Ouen © Hervé de la Villéon ; **50 :** Jugon, maison Sevoy, © Office de tourisme de Jugon-les-Lacs/ A. Vittet ; **55 :** Jeanne Malivel, *Autoportrait*, vers 1910, dessin à la mine de plomb, collection privée, galerie de la Table ronde, © Cac-Sud 22/Anaïs Laudren ; **75 :** Les sept îles © LPO/Gilles Bentz ; **86 :** Morlaix, maison à pondalez, © Hervé Ronné ; **92 :** île de Batz, jardin exotique, © Jardin Georges-Delaselle ; **93 :** Phare de Pontusval, © L. Solnais ; **99 :** Représentation des trois ambassadeurs du roi de Siam pour le tricentenaire de leur venue à Brest les 25 et 26 janvier 1986, © Collection des Archives de Brest ; **124 :** Spezet, pardon du beurre, © Claire Arlaux ; **125 :** Névez, maisons Mein Zao, © Office de tourisme de Névez-Port Manec'h ; **128 :** Pont-Aven, le moulin David, © Office de tourisme de Pont-Aven /VB/ALC ; **129 :** Fernand Daucho, *Le Moulin David*, 1943, huile sur toile, © Musée des Beaux-arts de Pont-Aven ; **133 :** Le Faoüet, jubé de la chapelle Saint-Fiacre, © Velux-France/Pascal Corticchiato ; **143 :** Carnac, église Saint-Cornély, © CDT Morbihan/Marc Schaffner ; **146 :** La Cohue, musée des beaux-arts de Vannes, © musée de Vannes/Caijo ; **148 :** Théveny, *Portrait de Benjamin Franklin*, 1776, huile sur toile, salle municipale de l'hôtel de Ville d'Auray, © Archives communales d'Auray ; **148/149 :** Auray, port de Saint-Goustan, © CRT Bretagne/Jean-Patrick Gratien ; **189 :** Jeanne Malivel, *Jeanne la Flamme*, 1920, gravure sur bois, in Jeanne Coroller-Dagneau, *Histoire de notre Bretagne*, galerie de la Table ronde, © Cac-Sud 22/Anaïs Laudren.

Édition Laurence Solnais
Direction artistique Isabelle Chemin
Maquette Marylène Lhenri, assistée de Charles Ameline

Avec la collaboration de Laurence Alvado, Anne Thomas-Belli et Yuki Higashinakano

Achevé d'imprimer en septembre 2009
sur les presses de l'Imprimerie moderne de l'Est, à Baume-les-Dames,
imprimeur respectant toutes les normes environnementales.

ISBN 978-2-35179-045-8
Dépôt légal octobre 2009